1

Vorwort

Liebe Leserinnen und Leser,

auf meiner Homepage „www.ulrikeswelt.de" habe ich einige Urlaubsgeschichten veröffentlicht. Aber für diejenigen, die wie ich, lieber ein Buch in der Hand halten. Oder sich freuen, wenn sie sich Seite für Seite durch ein Buch träumen können, habe ich dieses Buch zusammengestellt.

Im Gegensatz zu unserer heutigen Welt bin ich praktisch ohne Technik groß geworden. Vielleicht ist das der Grund, warum ich moderner Technik nur mit Vorbehalt begegne. Aber auch ich schreibe meine Geschichten heute nicht mehr in ein Notizbuch sondern in mein heiß geliebtes Notebook. Neulich sagte ich zu meinem Mann: „Ich könnte ohne Handy leben aber nicht mehr ohne meinen Computer."

Die erste Geschichte ist kein Reisebericht, sondern eine Omage an meinen Lieblingsschriftsteller. Mich fasziniert das erdachte geschriebene und gedruckte Wort. Aus dieser Idee wurde dann dies Buch.

Bei diesem Buch hat mir mein Mann mit seiner (hoffentlich) unendlichen Liebe und seiner immer während en Unterstützung geholfen. Denn bei all meinen Geschichten war er dabei. Ich bin mir sicher, ohne ihn wäre es nicht so schön gewesen. Viele dieser Reisen hätte ich wahrscheinlich gar nicht unternommen. Aber so gerne wie ich erzähle und schreibe, so sehr stehe ich immer noch mit der Technik auf dem Kriegsfuss. Daher wäre ohne seine Hilfe dies Buch nicht zu Stande gekommen. Danke Liebling!

Interview mit einem Schriftsteller
oder
Besuche einer Dame im Kaffeehaus

Wir schreiben das Jahr 2059.

Es ist eine Zeit, in der die Menschen keine Bücher mehr lesen
sondern nur noch hören, über ein Medium genannt CD-Player.

Ja, wenn es keine Bücher mehr gibt, existieren dann noch
Schriftsteller? Nein, es gibt keine Schriftsteller mehr. Runde
Scheiben aus Metall werden CD`s genannt und von Computern
besprochen.

Diese Geschichte nun handelt von einem Menschen, der in dieser
Zeit lebt. An seinem 25. Geburtstag geschah es. Er traf sich mit
seinem Großvater. Sie saßen in seinem Lieblingskaffee irgendwo in
der 93. Straße. Ich saß an meinem Stammtisch in eben diesem
Kaffee. Ich erinnere mich nicht mehr so genau. Aber so oder so
ähnlich lautete das Gespräch der beiden:

„Großvater, ich danke Dir, dass Du heute Zeit für mich hast!"
„Aber Sohn, es ist Dein Geburtstag."
„Mein Vater hat keine Zeit."
„Du weißt, wie hart er arbeitet und Du weißt um diese hektische
Zeit."
„Aber ja, es gab doch immer etwas, das wichtig war in jeder Zeit,
in jedem Jahrhundert. Es gab Kriege, Krankheiten, Arbeitslosigkeit,
Mut, Hoffnung, Hass und, und ..."
„Ach Sohn, wie recht Du hast."
„Großvater, was sind Schriftsteller?"
„Wie kommst Du darauf Sohn?"
„Ich hab gehört, dass es früher keine CD´s gab, sondern Bücher,
weiße Seiten aus Papier bedruckt mit schwarzen Buchstaben und

die Menschen haben gelesen anstatt zu hören."

„Ja genauso war es und diejenigen, die Geschichten erfanden, wurden Schriftsteller genannt."

„Genauso habe ich es gehört!"

„Gibt es einen der Dich interessiert Sohn?"

„Ja Großvater. Er schrieb über Menschen, wie Du und ich. Menschen mit Gefühlen, Träumen, Fehlern."

„Sieh hier ist das Geschenk Deines Vaters. Ein Stein. Wenn Du ihn berührst, führt er Dich in eine Zeit, in die Du reisen möchtest. Du kannst die Menschen treffen, die Du kennen lernen möchtest und danach reist Du wieder zurück in unsere Zeit."

"Ach Großvater, was für ein Geschenk."

An dieser Stelle kam der Kellner, Alexander, mit meinem Milchkaffee. Als ich wieder aufblickte, verließen die beiden gerade das Kaffee. Ich weiß noch, wie ich dachte – Schade, schade, ich hätte gerne mehr gehört.

Ein paar Tage später saß ich wieder am meinem Lieblingstisch in meinem Lieblingskaffee irgendwo in der 93. Straße. Die Monitore im Kaffee zeigten die neuesten Nachrichten. Zeitungen hinter denen man sich so herrlich verstecken konnte, gab es seit ungefähr 20 Jahren nicht mehr. 20 Jahre? Bitte legen Sie mich nicht fest auf genau 20. Es könnte sein, dass mir mein Gedächtnis wieder einen von diesen besonderen Altersstreichen spielt.

Also ich schaute auf den Monitor und irgendetwas spiegelte sich. Also drehte ich mich herum. Herr aller Computer, dachte ich noch und dann sah ich ihn, den Jungen mit einem Mann, angezogen wie im 19. Jahrhundert.

Diese Unterhaltung interessierte mich mehr als jede neue Nachricht auf den Monitoren. Ich drehte meinen Stuhl so unauffällig wie möglich. Wahrscheinlich hatte dies doch der eine oder andere

5

gesehen, aber die beiden nicht. Alle anderen Gäste des Kaffees beachteten die beiden Männer, den jungen modernen und den älteren sehr altmodischen, nicht. Außer vielleicht Alexander, der wahrscheinlich an sein Trinkgeld dachte. Ich erinnere mich nicht mehr so genau. Aber, so oder so ähnlich lautete die Unterhaltung:

„Verzeihen Sie Herr Schriftsteller, aber ich konnte der Versuchung nicht widerstehen, Sie mit in meine Zeit zu nehmen."
"Ich verstehe nicht ganz was passiert, aber ich werde es leben, wie einen Traum. Also junger Mann, Sie sagten, Sie wünschen sich ein Buch von mir und ein Interview. Das Buch liegt vor Ihnen. Stellen Sie bitte Ihre Fragen."

„Meine Fragen werden Sie vielleicht irritieren, aber in dieser Zeit"
„Junger Mann, dies ist die beliebteste Ausrede aller Zeiten. Es gab immer etwas, das wichtig war in jeder Zeit, in jedem Jahrhundert. Es gab Kriege, Krankheiten, Arbeitslosigkeit, Mut, Hoffnung, Hass und, und..."
„Ach wie recht Sie haben. Sie waren Soldat in einem Krieg, Sie haben eine Ausbildung zum Lehrer gemacht, Gelegenheitsjobs gehabt und dann geschrieben. Sagen Sie bitte, was genau ist ein Schriftsteller?"
„Ein Mensch, der lebt und schreibt über das, was er erlebt hat und andere ihm erzählen."
„Es muss interessant sein Menschen zu treffen, die von anderen bewundert werden."
„Junger Mann, interessant sind nur die Menschen, die wir, also, Sie und ich gerne treffen möchten. Alles andere ist abstrakt, Spekulation oder Wunschdenken."

An dieser Stelle kam der Kellner, Alexander, mit meinem Milchkaffee. Als ich wieder aufblickte, verließen die beiden gerade das Kaffee. Ich weiß noch wie ich dachte – Schade, schade, ich hätte gerne mehr gehört.

Ich ging noch Jahre später in dieses Kaffee. Vieles hatte und hat sich verändert. Alexander, mein Lieblingskellner vergisst manchmal meinen 3. Milchkaffee zu berechnen. Vielleicht spielen die Alterstreiche auch schon mit ihm. Eines hat sich nicht geändert, ich liebe immer noch seine Komplimente. Die Monitore kann ich nicht mehr erkennen, weil meine Augen zu schlecht geworden sind. Meine Bücher kann ich schon lange nicht mehr lesen. Darum habe ich mir einen CD Player gekauft. Die Geschichten, die ich jetzt höre, hat ein Computer erfunden. Vieles hatte und hat sich verändert.

Den Jungen traf ich nie wieder.

Ägypten: .... jetzt ?

Noussin spricht in einem Englischdeutsch Sprachengemisch und wir, Bernhard und Jessica (2 nette Österreicher, die wir auf unserer Wüstensafari kennengelernt haben) mein Mann und ich vergessen fast, dass zu dieser Tagesstunde die Sonne langsam versinkt. Wir sitzen allein an der vereinsamten Poolbar. Die meist laute Musik der Animation klingt schon seit geraumer Zeit nicht mehr, dafür hören wir neben Noussin den arabischen Wind ein leises, kaltes Lied summen.

Das Showangebot „Tausend und eine Nacht" hatte für uns nichts Verlockendes und heute Abend weiß ich auch warum. Noussin erzählt uns in seiner Sprache eine Geschichte aus Tausend und einer Nacht. Die Geschichte seines Lebens. Noussins Worte malen Bilder für uns.

Das Erste: Ein 18 jähriger arabischer Junge begegnet den ersten Rucksacktouristen die nach Hurghada, einem verträumten, kleinen Fischerhafen, kommen. Sie winken ihm zu und rufen „Hey Mister, Boot?" Sein Paddelboot bringt Australier, Neuseeländer, ach ja, auch ein paar Deutsche, zu den Korallenriffen. Und alle staunen sie über die einzigartige Unterwasser Tier- und Pflanzenwelt.

Das zweite Bild zeigt bereits den jungen Mann, der erkennt, wie dankbar die Touristen für die ägyptische Gastfreundschaft sind. Ein Tee bewirkt, dass sie manchmal auch ein wenig mehr für die Bootsfahrt bezahlen und aus seinem Paddelboot wird sein Motorboot.

Auf dem 3. Bild zeigt er uns, dass aus kleinen Pensionen nunmehr große Hotels und aus Rucksacktouristen Chartertouristen mit Samsonite-Koffern werden. Noussin sucht nach einem neuen Lebensinhalt. Für 13 Monate will er nichts mehr wissen, von

Booten und Touristen. Doch dann hat das unendliche Meer erneut seinen langen Arm nach ihm ausgestreckt. Er kann auf seinen eigenen Beinen laufen, freut sich jeden Tag auf seine Arbeit. Er hat ein neues Boot gekauft. Ja, gerade einen Monat bevor das Unglück in Luxor geschah. Warum kommen bloß die Deutschen nicht mehr?

Aber jetzt hat er einen italienischen Partner und inchala.

Hurghada ist nicht Ägypten. Aber Ägypten ohne Hurghada? Im Februar eine Woche Sonne, ausruhen, nicht so weit fliegen, vielleicht ein bisschen Kultur schnuppern. Was bietet sich da an? Ägypten, jetzt? Nach diesen Anschlägen, nach all diesen Berichten in allen Medien? Jetzt? Keine Angst? Diese Fragen werden uns vor unserer Reise immer wieder gestellt. Wir antworten nein. Wenn etwas geschehen soll, geschieht es auch. Terroristen, gibt es die nicht auch in anderen Ländern? Letztes Jahr im Juni waren wir auf Sri Lanka in Kandy, in dem Tempel, in dem ein Zahn Buddhas aufbewahrt wird.

Im Januar 1998 sprengten sich in genau diesem Tempel 3 Terroristen in die Luft. Auf Mallorca schießt die deutsche Mafia auf die russische oder war es die italienische? In einem Hitchcock-Klassiker singt Doris Day "Che sera, sera, the future is not ours to see..."

Ob wir wirklich nicht überlegt haben, nach Ägypten zu fliegen. Doch, aber erst in den letzten Tagen vor unserer Abreise, auf Grund der Irakkrise. In den Nachrichten sieht man nur noch mutige Israelis mit Gasmasken in der Hand. Ägypten ist nicht weit entfernt Noussin würde sagen, Allah sei dank, der Krieg wurde verhindert.

„Und während Ihres Aufenthaltes hatten Sie keine Angst?" Nein, überall gibt es unzählig viele Sicherheitsbeamte und Polizisten. Man sieht sie nicht immer, aber man spürt die Sicherheit, die sie ausstrahlen. Ein bisschen grüblerisch, wurde ich nur auf der Rückkehr von unserer Wüstensafari. Aber vielleicht sollte ich erst von unserem Safari Ausflug erzählen:

Unser Reiseleiter Salah, schwärmt vom Sonnenuntergang in der Wüste. Gesagt, angemeldet und auf geht es. Am Samstagnachmittag fährt unser Jeep mit acht Gästen beladen in die unwirkliche Wüste. Unzählige Bergriesen und versteckte Autoreifen dienen unserem Fahrer Achmed als Wegweiser. Bevor wir in das Beduinendorf dürfen, müssen wir erst eine Sanddüne hinunter - egal wie, einige Felsen erklettern, einen Kamelritt ertragen, eine versteckte Quelle entdecken und dann erst erklärt uns Salah das Leben der Beduinen. Ein bisschen peinlich berührt sind einige von uns, als Salah uns zeigt wie er betet. Aber ein kleines verschmutztes Beduinen-Baby mit quietschegelben Plastikschuhen lenkt unsere Blicke ab. Als es endlich gegrilltes Huhn mit Salat gibt, hat sich die Sonne hinter lauter Wolken versteckt. Unsere Beduinen stellen Kerzen für uns auf, während Salah erzählt, dass normalerweise mindestens zehn Jeeps, aber auch bis zu vierzig Jeeps mit Gästen hier sind. Schade, aber eigentlich sind wir auch froh, denn so tanzen zum Abschied sechzehn Beduinen mit acht Touristen. Nach reichlichem Geklatsche, mittlerweile ist es richtig kalt, fährt uns Achmed zurück. Es ist stockdunkel - eine für mich erkennbare Fahrbahn, geschweige denn eine Beleuchtung, gibt es nicht. Wenn uns jetzt jemand anhält und ich gezwungen würde, wie eine Beduinin in der Wüste zu leben. Mein angeblich zivilisiertes, couragiertes Herz klopft, aber Achmed würde jeden einfach umfahren, dessen bin ich mir sehr sicher. Die mit dem Tourismus verbundenen Ägypter - und in Hurghada ist das fast jeder - wissen, dass sie die Touristen brauchen. Die Skyline von Hurghada taucht am fernen Horizont auf. Ich schimpfe mit mir, weil ich diesen schwachen Moment lang an eine Gefahr dachte, die gar nicht da war.

Unseren Ausflug in die Stadt Hurghada haben wir sehr kurz gehalten. Wir wollen uns nur mal umschauen und gar nichts kaufen. Kaum sind wir aus unserem Bus ausgestiegen, begrüßt uns Hadrib und bittet uns doch mal in seinen Laden zu schauen. Er liegt in einer Seitengasse und daher kommen leider gar keine Touristen in seinen Laden. Nach dem geglückten Feilschen um ein besticktes T-Shirt, sind wir derartig ermutigt, dass wir nun doch noch ein Papyrus-Bild erstehen, und beim Parfümkauf fragen wir schon gar nicht mehr nach dem Preis. Es wird uns alles gebracht werden, weil uns eine Stunde Warten, trotz des mehrfach angebotenen Tees, einfach zu lang ist. Nun wollen wir aber wirklich nichts mehr kaufen. Doch unsere Sprache identifiziert uns eindeutig als deutsche Touristen. Die sind in Hurghada sehr beliebt - und zurzeit sehr selten. Wir werden angesprochen; ungefähr an jeder Straßenecke und zwischendrin alle 5 Meter. Lieb sind sie, erzählen, von deutschen Gattinnen, Studienaufenthalten, fragen uns, wann denn endlich die deutschen Touristen wiederkommen. Nicht alle wollen uns etwas verkaufen, sondern eher ein wenig plaudern über bessere Zeiten und Tee trinken. Wir sind mitleidig gerührt, so viele Geschäfte, sowenig Touristen und rasen zurück zu unserem Bus.

Französische, italienische, österreichische, holländische Touristen begegneten uns. Letztes Jahr im Juni wurde ein italienischer Geschäftsmann in Kenia ermordet. Es reisten kaum mehr Italiener nach Kenia.

Ägypten, ... jetzt?

Ägypten: Magische Momente

„Sie haben eine Swiss-Card?" „Ich, nein, wieso? Eine Swiss Card? Nein!!!" Ist das nicht eine selten dämliche Frage für einen Sicherheitsbeamten? Er meint aber nicht die Bahn-Card der Schweiz, nein, er meint ein kleines blaues Etwas, quadratisch, Millimeter dünn breit und cirka vier Zentimeter hoch. Darin enthalten sind eine klitzekleine Schere, eine klitzekleine Pinzette etc. und ein klitzekleines Messer und genau das hat es dem Sicherheitsbeamten angetan: „Das dürfen Sie nicht mitnehmen!" „Gut, dann behalten Sie das Messer". Er schaut ziemlich verdutzt und für mich war das Problem damit erledigt.

Während wir auf unseren Flieger warten und eine Latte Macchiato trinken, muss ich immer wieder an diese Frage denken und lache leise vor mich hin. Immer und immer wieder. Mein Göttergatte blickt jedes Mal irritiert in die andere Richtung. Er kennt mich nur ganz entfernt.

Eigentlich hätten wir in München fast zwei Stunden Aufenthalt. Aber erst müssen wir von Schalter A nach C und wir laufen und laufen. Endlich eine Raucherzone. Hier erwischt uns auch die Lady, die von dem Moment an, an dem sie das Flugzeug betrat, auf meinen wie immer schweigsamen Göttergatten einredet. Und ich wundere mich mal wieder. Mein Göttergatte spricht und spricht. Wie macht sie das bloß? Sie hat seine ganze Aufmerksamkeit, wie gesagt bis München. Sie fliegt dann weiter nach Kairo. Wir fliegen nach Sharm el Sheikh.

Einreise - Formalitäten, Menschenschlangen und überall Rauchverbot. Ich erspähe einen Sicherheitsbeamten, der raucht. Der raucht! Und die armen Touris? Die warten. Endlich die Visa Marken und eine neue Schlange für die ersehnten Stempel. Schon im Flugzeug haben wir eine Bekannte getroffen. Die will mit ihren drei Freunden nicht mehr hinten stehen und alle laufen schnell zum neu eröffneten Schalter. Nur schade, dass hier nur Gäste des Oasis Ressort abgefertigt werden. Jetzt sieht sie uns, also gleich mal vorne bei uns mit anstellen. Die Idee ist gut, aber… Ja, jetzt werden die wartenden älteren Leute auf den Plan gerufen. Es folgen sehr böse Worte und noch bösere Gesten. Allah sei Dank, geht es relativ schnell. Aber eine ältere, nennen wir sie Dame, benimmt sich immer wieder wie eine rasende, nennen wir sie Dame. Unsere Bekannte schimpft auf Spanisch. Eigentlich ist sie ja Griechin. Aber die spanisch schimpfende Griechin und die fauchende Dame, lassen uns kalt durchatmen. Wir haben doch alle Urlaub, oder?

Tja und jetzt sitze ich hier auf meiner Liege. Die Afternoon Games sind in vollem Gang. Die Animationssprachen sind Deutsch, Englisch und Russisch. Aber Pool Games sind einfach nicht meine Welt. Allerdings sehe ich dem internationalen Zoo sehr gerne zu. Die haben ihren Spaß und ich sehe zu. Außerdem habe ich ja auch gar keine Zeit. Neben Wasseraerobic, Fahrrad fahren und lesen, schlemmen… Schließlich muss ja auch jemand diese Urlaubswelt dokumentieren.

Als ich heute Morgen aus unserem Zimmer trat, fragte Mustafa mich, ob auch wirklich alles in Ordnung sei mit unserem Zimmer. Im Urlaub merke ich immer wieder, wie unhöflich wir Deutsche oft sind. „Bitte" und „Danke" ist irgendwann verloren gegangen. Ganz zu schweigen, vom Duzen wildfremder Kellner. Darum oute ich mich sehr selten als Deutsche. Mustafa, von dem ich erst Minuten später weiß, wie er heißt, lobt mein Englisch. Er will gar nicht glauben, dass ich Deutsche bin und ich sei doch auch so hübsch. Das ist mir dann doch zuviel. Heute habe ich mich nicht mal zum Wasseraerobic getraut, weil da so viele schlanke und schöne Menschen waren. Also drehe ich mich jetzt um mit einem „Have a nice day." So schnell lässt er mich aber nicht los. Er stellt sich vor und will wissen, wie ich heiße. Na gut. Vorsichtshalber verrate ich ihm auch den Namen meines Göttergatten. Man weiß ja nie.

Dann waren wir noch einkaufen in der Hotelpassage. Nett war es, für einen Euro kaufe ich ein Papyrus-Lesezeichen mit meinem Namen (hat der Verkäufer live darauf geschrieben). Allerdings ist mir schleierhaft, ob das wirklich Ulrike heißt. Ausgesprochen hat er es wie eine Mischung aus Erika und Ulrich. Aber, dass ist nicht so wichtig, kann zu Hause eh keiner lesen. Jetzt habe ich keine Zeit mehr. Ich muss noch das Fitness-Center testen.

Im Januar wird es hier schon früh dunkel. Als ich endlich eines der zwei Fahrräder ergattert habe, nach 20 Minuten Wartezeit und vorheriger Anmeldung bei der Vorreiterin, kann ich das Programm nicht starten. Ich drücke Start, Enter, nichts. Höflich frage ich meinen Nachbarn. Der hatte vorher schon auf die Frage, wie lange er denn noch fährt, „ Eine Stunde noch" ziemlich unfreundlich geblafft. Jetzt spricht er „auf Start drücken". Mache ich so einen intelligenten Eindruck? An den anderen Tagen sehe ich ihn immer wieder in seinen superschicken knappen Radsporthosen. Knackig? Nein, eher knochig. An diesem Tag benutze ich meine Armbanduhr, die mir sagt, dass ich nach dreißig Minuten aufhören darf. An den folgenden Tagen komme ich morgens und siehe da, die beiden Fahrräder warten nur auf mich. Und das Programm bedienen kann ich jetzt auch.

Das Fitness-Center hat noch ein Laufband und viele andere tolle Geräte. Außerdem gibt es hier noch eine Sauna und ein Dampfbad. Wir haben leider in unserer einen Woche keine Zeit um hier nachmittags noch eine Weile zu verbringen.

Nein, heute muss ich wach bleiben. Mein Bogenschütze, alias mein Göttergatte, möchte unbedingt die Show sehen. Das sei die Beste und einmal müssten wir das doch schaffen lautet sein Credo. Er wiederholt es den ganzen Tag. Wir reservieren zwei Spezialitäten - Restaurants: Samstag Brasilianisch und Sonntag Ägyptisch. Die Guest Relation Lady ist sehr professionell. Sie fertigt uns in sechzig Sekunden ab. Eigentlich wollten wir ja noch was fragen. Mein Göttergatte geht zurück. Diese Antwort dauert nur zwanzig Sekunden. Ok, ab zum Abendessen. Wir nehmen den gleichen Tisch, wie gestern. Der Kellner ist so süß. Kaum haben wir unseren trockenen Weißwein ausgetrunken, steht auch schon ein neues Glas bereit. Und siehe da, am Nachbartisch sitzt wieder das Paar von gestern. Wir wollen uns ein wenig höflich unterhalten. Deren Sprache konnten wir überhaupt nicht identifizieren. Aber unsere Versuche in Englisch, Französisch und Deutsch schlagen fehl. Sie tauen nicht auf. Nicht einmal ein „Nein" oder „Sorry" kommt über ihre Lippen. Holländisch, Dänisch, Chinesisch, Spanisch oder Italienisch war es auch nicht. Heute Abend versuchen wir es mit einem höflichen Nicken des Wiedererkennens. Fehlgeschlagen, sie ignorieren uns. Aber es kommt noch schlimmer…

Ich rauche eine Zigarette, wie am Abend zuvor. Die beiden stehen auf und gehen. Sind die beiden ein älteres israelisches Ehepaar, das Deutsche, vielleicht verständlicherweise, nicht zu ihren Favoriten zählt? Oder war es doch nur die Zigarette?

Das nächste Paar kommt. Wir legen demonstrativ die Zigarettenschachteln auf den Tisch. „Rauchen Sie ruhig, wir rauchen auch." sprach sie. Toll!! Schnell erzählen wir unsere Story über ihre Vorgänger. Das haben sie auch erlebt, nur ihr Paar war jung. So eine Gemeinsamkeit, das verbindet doch. Oh ja, wir haben eine richtig nette Unterhaltung. Die beiden kommen aus Luxemburg. Er war schon zwei Mal verheiratet und um einundzwanzig Uhr machen sie eine Wüstentour zu den Sternen und den Beduinen. Schade, so gehen nur wir zwei heute zur Musicalshow. Wie viel Energien man doch wecken kann?! Ich tanze mit meinem Göttergatten noch um Mitternacht in der

Diskothek zu Lifemusik. Einfach Toll! Und die Musical Show? Sechs der achtzehn Animateure treten auf. Einige Musicals wie Chicago konnte ich erkennen. Das zwei der Animateure, eine Bulgarin und ein Ukrainer, eine klassische Tanzausbildung besitzen, wird deutlich zur Schau gestellt. Aber auf mich wirkt es seltsam verkrampft und seltsam gelangweilt.

Stellen Sie sich vor, sie sind in Hamburg und wohnen im Hotel Europäischer Hof. Jetzt beschließen Sie, sich auch mal das Hotel Alsterkrug anzusehen. Also nehmen Sie ein Taxi und schauen es sich an. Wir wollen uns das Hotel Laguna Vista ansehen. "Passport please". „No Passport, we just want to have a look". „Passport please". Vor Schreck deklamiere ich: „Wir haben keine Pässe". Unser Taxifahrer und der Sicherheitsbeamte schauen leicht irritiert. Geistesgegenwärtig zieht mein Göttergatte unseren Zimmerschlüssel. Den behält der Beamte gleich ein. Und auch noch den Pass unseres Taxifahrers. Wie lange es denn dauert? Dreißig Minuten? Die Guest Relation Ekatarina ist wirklich sehr nett und zeigt uns was wir sehen wollen. Unser Eindruck, das Laguna Vista ist ein gediegenes Hotel. Einige Zimmer haben einen privaten Zugang zu einem großen Wasserlauf. Die all inclusive Gäste können allerdings nur im Hauptrestaurant essen. Dreißig Minuten sind herum, die Hotelprospekte gerade ausgegangen. „Doswidanja Ekatarina".

Der Sicherheitsbeamte sagt unser Taxi käme zur Hoteleinfahrt. Also wir los. Eine Zigarette, kein Taxi. Die Sicherheitsbeamten verlassen ihr Büro und bieten uns ihre beiden einzigen Stühle an. Wo wir herkommen, ob wir verheiratet sind, ob wir Babys haben? Nur einer spricht Englisch. Als er uns den Schlüssel zurückgibt, lacht er und wünscht uns einen schönen Urlaub. Unser Taxi ist nach zweiunddreißig Minuten tatsächlich da und es bleibt auch beim vereinbarten Preis.

„Sind Sie verheiratet? Dann möchte ich Ihre Frau kaufen, zehn Kamele." Auf diesen Satz habe ich gewartet! In arabischen Ländern weiß man gewisse Rundungen zu schätzen. Vielleicht sollte ich umziehen. Mein Göttergatte würde aufgrund meiner blauen Augen vielleicht noch mehr Kamele erzielen. Allah sei dank, er hat keine Verwendung für so viele Kamele in Niedersachsen. Unser bereits erwähnter Kellner des Hauptrestaurants ist wirklich süß. Aber hier im brasilianischen Restaurant, will der Kellner mich kaufen. Hier ist es individueller! Der Service, das Essen, das Ambiente. Es gibt einen Würfel. Solange die grüne Seite oben liegt, kommt der Kellner immer wieder mit einem Spieß entweder mit Würstchen, Huhn, Gehacktem oder Beef beladen. Ist man satt, dreht man den Würfel einfach mit der roten Seite nach oben und stürmt das Nachtischbuffet. Mich lässt Kuchen ja kalt, aber bei diesem Geflügelsalat flattern meine Stöckelschuhe immer wieder in Richtung Salatbuffet.

Übrigens, woran erkennt man Russinnen, außer das sie ungewöhnlich hübsch sind? An den Schuhen! Jeder einzelnen könnte ich die Schuhe von den Füßen reißen. Warum ich das erzähle? Wir haben einige Russen in unserem Hotel getroffen und viele Schauergeschichten gehört. Aber auch hier ist es wie im richtigen Leben. Nur weil ein, zwei Betrunkene sich nicht benehmen können, sollte man keine Kollektivschuld aussprechen. Das Miteinander der Nationen funktioniert im Magic Life ziemlich gut. „Brava" rechts und „Lewa" links habe ich bei meiner Wassergymnastik gelernt. Jeden Tag eine Stunde, das hat richtig Spaß gemacht. Mich hat es nicht gestört, das ich mich mit den überwiegend russischen Mädels nicht unterhalten konnte. Ich spreche kein Russisch, die kein Englisch. Wladimir, unser Trainer, hat sich sehr viel Mühe gegeben, etwas für unsere russischen und deutschen Figuren zu tun. Also haben wir etwas Gemeinsames.

Eine ganze Woche lang, habe ich eine Dame in meinem Alter beobachtet. Bereits seit einer Woche trägt sie oben ohne. Wir sind in einem moslemischen Land. Heute liegt sie direkt vor dem kleinen Handtuchhäuschen. Der Junge, der dort Dienst tut, schaut immer angestrengter woanders hin. So oder so ähnlich spielte sich die folgende Konversation ab:

Ich: „Sprechen Sie Deutsch oder Englisch?"
Sie: „Deutsch bitte"
Ich: „Verzeihen Sie bitte, Sie sind in einem moslemischen Land. Hier sollte man nicht oben ohne tragen."
Sie: „Da hinten liegen auch welche"
Ich: „Das bedeutet doch nichts. Die Entscheidung sollte doch jeder selber treffen"

Hastig zieht sie ihr Oberteil an. Zwei Liegen weiter, nicken mir eine Dame und ihr Mann zu. Ich gehe gleich mal hin. Wie es sich herausstellt handelt es sich um ein englisches Ehepaar. Sie sind meiner Meinung und gratulieren mir dazu, dass ich mich getraut habe, dass auch zu sagen. Da die barbusige Dame sofort ihr Oberteil anzog, weiß sie sehr wohl, was sie da tut. Darin sind meine neuen englischen Freunde und ich uns einig.

Da wir gerade von Freunden sprechen: Mein Göttergatte hat sich nur schwer von Ivo, seinem Bogenschieß-Animateur getrennt. Als Ivo dann zur Abfahrt ihm und den anderen Bogenschieß–Männern die männliche Hand reicht, hätte es in dieser Situation bei Bogenschieß-Weibchen sicherlich pfeileweise Tränen gehagelt.

Ja, wir haben noch nie in einem Urlaub so viele nette Leute, seien es Gäste oder Personal getroffen. Tolle Gespräche geführt.

Ja und da war da auch noch unser Bar-Keeper. Jeden Abend haben wir einen Aperitif und diverse Digestif getrunken. Er hat über sein

Leben und seine Kinder in Kairo erzählt und meinem erkälteten Göttergatten sofort ein Medikament (Zitronensaft, Pfeffer und Wodka) gemixt.

Ach und dann war da noch der Kellner der Poolbar. Bereits am zweiten Tag, war unser Cappuccino schon fertig, bevor wir an den Tresen traten.

Ach und da war da noch der mit Blumen übersäte Nachbartisch im ägyptischen Restaurant. Während ich noch denke, was muss man dafür tun, sagt der aufmerksame Kellner schon „Birthday". Wir sind gespannt, wer da kommen wird. Es ist Ute mit ihrem Mann. Sie wird heute vierzig Jahre alt. Wir erzählen und erzählen und plötzlich erscheinen ganz viele Kellner und eine Musiktruppe, die auf arabisch „Happy Birthday" spielen und singen. Und wirklich das gesamte Restaurant singt mit. Jetzt natürlich auf Englisch. Es ist dunkel und die Kerzen auf der Torte - die Ute natürlich mit uns teilt - leuchten magisch. Das wird gefeiert! Wir tanzen solange in der Discothek, bis mein Göttergatte wieder dazu übergeht, meinen Tanzstil mit einheimischen Riten zu vergleichen. In Australien fand er, dass meine Tanzerei vergleichbar mit dem Regentanz der Aboriginis sei.

Ja und da war noch Caroline. Während wir unsere diversen Digestif trinken, sitzt sie vor ihrem Apfelsaft und bereitet sich auf ihre nächtlichen Streifzüge vor. Tagsüber ist Caroline eher Anhängerin von Extrem-Sportarten wie Boccia und Pool Games. Sie kennt alle Animateure und man könnte sie als Amateur Groupie der Animation bezeichnen. Während unserem zwei stündigem Aufenthalt auf dem Rückflug in München erzählt sie uns, wie sehr sie geweint habe am letzten Abend. Jetzt hat sie wieder eine kleine Träne im Auge und sagt im Flugzeug habe ihr Nachbar sie angeschuppst. Während die Stewardess ihr Kaffee anbieten wollte, sah sie im Traum das Gesicht von Ali und er rief: "Boccia, Boccia".

19

Ja ich könnte noch mehr Geschichten erzählen aber dann wird diese Geschichte wieder viel zu lang. Nur soviel:

Wir hatten magische Momente in einem magischen Club und einem magischen Land. Natürlich gibt es auch noch mehr zu entdecken. Aber eine Woche ist einfach zu kurz für Ausflüge und ausruhen.

- Schukran Magic Life.

Tagebuch eines amerikanischen Traums (Part One 1975)

Solange habe ich geträumt von einer Reise nach Amerika. Und wie fängt alles an? Jemand sagt, wir fliegen im März nach South Carolina, besuchen Bekannte, komm doch mit! Tja und ich habe ja auch einen Freund in San Francisco, also flieg ich mit.

Nun beginnt die Planung: Reiseziele zusammenstellen, Dauer der Reise abwägen, Preisvergleiche über Flüge in die USA anstellen. Wer Verwandte oder Freunde hat, der hat es gut, wer nicht, sollte sich nach „Bed & Breakfast" (preisgünstige kleine Pensionen) oder Hotelgutscheinen erkundigen.

Dann geht es endlich los:

Dienstag, 1. Tag

Ankunftszeit am Flughafen Amsterdam Schipol 10.30 h. Das Einchecken hat bereits begonnen, zusammenhängende Plätze sind nicht mehr möglich. Die Wartezeit verkürzen wir mit Kaffee trinken im Self-Service-Restaurant. Auf der Bordkarte steht Gate A 16. Eine Änderung über Lautsprecher hören wir nicht. Eine Nachfrage: „Ja A 16". Gut, auf zu Gate 16. Dort erfahren wir, der lange Weg war umsonst. D 53, es wurde geändert. Zehn Minuten Zeit, und im Eiltempo quer durch den Flughafen. Endlich da, Menschen über Menschen, ein Raunen schleicht sich hindurch. Überbucht? Meine Bekannten dürfen ihre Bordkarte zeigen und durch. Ich, nur mit Billig-Ticket bewaffnet, werde aufgefordert zu warten. Die Boden-Stewardess lächelt unmissverständlich aber freundlich. Also mutig zum Schalter, darf ich vielleicht doch mit? ich brauche diese Maschine. Oh je, Herzklopfen, doch sie sagt ja... noch einmal zum Bordkarten-Abgeben. Dies Mal klappt es. Thank´s god.

Reihe 65. Wann geht es los? Immer mehr Menschen fluten hinein in die Boeing 747. Fünfzehn Uhr die Maschine startet. Nun die bange Frage, die Koffer, haben die es auch geschafft in die Maschine nach New York zu kommen, oder sind sie ab Gate A 16 nach Toronto eingecheckt worden? In sieben Stunden fünfzig Minuten werden wir es wissen. Der Service an Bord beginnt! Höfliche, sehr freundliche Stewardessen und Stewards bemühen sich geschäftig um diesen Menschenpulk.

Nach dem ersten Cocktail, Cafe, Tee oder etwas Kühles, ein heißes Tuch. Toll!

17.30 h das Menü: Vorspeise-Kartoffelsalat mit einer Garnele, Hauptspeise-Kartoffeln, Blumenkohl, Spinat, Gulasch. Dessert-Brötchen, Knäckebrot, Käse, Butter, Quarkspeise.

Fasten Seat Belt (anschnallen) - Wir überstehen es diverse Male (gut). Unser Film „Die Farbe des Geldes"- beziehungsreich? (welche Farbe hat ein Eindollarschein?)

21.30 h erneut Essen: zwei Kuchenstücke, Obstsalat, Cafe oder kalte Getränke. 22.00 h Kreisen über New York, wackeln und noch einmal wackeln, endlich dürfen wir landen...

Reicht die Zeit zum Umsteigen: Einwanderungsbehörde, Passkontrolle, Gepäckausgabe, Zoll (ohne Aufmachen der Koffer, wir haben Glück), zum KLM-Schalter, ja sie checken das Gepäck weiter.

Jetzt müssen wir das Pan Am Gebäude finden. Endlich, die Maschine hat Verspätung. Endlich geht es los. Für DM achtzig, -- zwei Flug- drei Zeitstunden, eine Zwischenlandung, ein Abendessen: Sandwich, Gurke, Tomate, Apfelsaft und eine Praline und ein bisschen das Gefühl in einem Bus zu sein.

23.3o h. Wir sind da! Abholung! Begrüßung zu Hause mit einem Cocktail. In Deutschland ist es jetzt vier Uhr oder schon fünf Uhr?

Mittwoch, 2. Tag

Nach den Strapazen der Hinreise stehen wir erst um 11.30 h auf. Am Frühstückstisch unterhalte ich mich mit der Dame des Hauses. Da ich in Berlin lebe, kommen wir schnell auf East- und West Germany zu sprechen. Sie nennt es eine traurige Sache. Ob ich an die Wiedervereinigung glaube, fragt sie mich. Aber sie sagt auch, Amerikaner seien in der Mehrzahl snobistisch: Fremdsprachen wozu? Doch das Sprachbewußtsein wächst, sagt sie. Und sie spricht weiter „we still don t like the Yankees. They took a lot, after the war 1861". Über hundert Jahre ist das her.

An diesem ersten Tag erkunden wir die waldreiche (Pappel-, Ahorn-, Buchen-, Eichen-Bäume) Umgebung des Hauses. Es liegt außerhalb der Stadt Rock Hill, in einem Kreis von sechs Häusern, die um einen kleinen See gruppiert sind.

Am Abend versuche ich etwas über die Antiraucher-Kampagne zu erfahren. Der Gastgeber: Die wird hochgepuscht durch die Medien, dadurch allerdings wächst das Interesse und die Diskussionen z.B. über Raucherplätze in Büros und Restaurants und so weiter.

Donnerstag, 3. Tag

An unserem dritten Tag brechen wir um 10.00 h auf nach Rock Hill. Zunächst erstatteten wir der High School einen Besuch ab. Hier versucht der Sohn meiner Bekannten der amerikanischen Sprache mächtig zu werden. Der Direktor der Schule, gibt sich persönlich die Ehre. Eine Deutschlehrerin erspäht uns auf dem Flur und lädt uns in ihre Stunde ein. Nun auf dem Präsentierteller werden wir gefragt (auf Deutsch): Wie es uns in den USA gefällt, was wir weiter planen etc. Nach fünfzehn spannenden Minuten verabschieden wir uns. Lets go, auf zum Reisebüro. Schließlich will ich ja noch nach San Francisco. Die Reisebüro-Angestellte sucht im Tarif Wirrwarr nach einem günstigen Flug: Neunundneunzig US Dollar mit Pan Am ist leider ausgebucht. Einen Ersatz für einhundertneunundzwanzig Dollar mit Eastern (Das Gepäck muss mit in die Kabine genommen werden, umsteigen in Chicago) findet sie schnell. Ich bin begeistert und schlage zu (in Deutschland hätte ich cirka siebenhundert Deutsche Mark für diesen Flug bezahlt).

Samstag geht es los.

Es wird Zeit für ein kleines Essen. Unser Gastgeber sucht „ Die Taverne" aus: Salat mit Grönland-Krabben 4,95 Dollar, Cheeseburger 3,95 Dollar. Eine gepflegte Atmosphäre und ich darf mir hinterher eine Zigarette gönnen.

Bei der anschließenden Stadtrundfahrt sehe ich Klischees bestätigt:
Ein schönes sauberes weißes Viertel.
Ein hässliches dreckiges schwarzes Viertel.
Beide haben eins gemeinsam: Mehr oder weniger prächtige Säulen als Veranda-Abgrenzung.
Genug zum Nachdenken für eine kleine Weile nach dem Abendessen.
Zum ersten Male begreife ich, dass ich die unendlich vielen Eindrücke erst zu Hause erfassen kann, wenn überhaupt.

Freitag, 4. Tag

Für heute haben wir eine Einladung von der sympathischen Deutschlehrerin. Um 13.00 h holt sie uns ab. Let s move. Wir brausen im fünfzig Meilen Takt nach Brattonsville. Vorbei an Trailor-Häusern und einer weiten, weiten Landschaft. Die Mrs. erzählt von den Vor- und Nachteilen von Riesen-Wohnwagen-Häuser. Verschandeln sie nicht die ganze Landschaft? Wo oder besser wie sollen die sozialschwachen Amerikaner leben, außer so? (Auch hier im Land der unbegrenzten Möglichkeiten soll es arbeitsscheue Subjekte geben. Ich wage nicht nach der Hautfarbe zu fragen!)

Brattonsville: Gelegen an einer alten Trasse von York nach Chester, repräsentiert die Entwicklung einer Familie, das kulturelle System und verschiedene Architektur-Stile. Nicht zu vergessen, hinten rechts, aus roten Backsteinen, das Sklaven-Haus.

Jetzt haben wir uns aber eine Tasse Cafe verdient. Unsere nette Mrs. fährt uns nach diesem Kultur-Schock zu sich. Sie hat ein hübsches, gemütliches Zuhause. Wieder einmal erfahren wir, eigentlich gibt es keine Amerikaner. Es sind: Deutsche, Italiener, Spanier, Engländer, Schweizer, Holländer und so weiter... Allerdings sprechen alle ein verändertes Englisch. Der Mr. unserer lieben Mrs. erzählt, beim zweiten Stückchen Bisquittorte mit Vanilleeis (Schlagsahne wäre jetzt passender), einer seiner Urgroßväter war Deutscher. Na wer sagt s denn. Ja, er war auch schon einmal im Land seines Urgroßvaters, oder war es der Urgroßonkel? Wie dem auch sei, er war in München und in Salzburg (ist das nicht in Austria, fragt er?). Mit einer Einladung zum Abendessen werden wir verabschiedet.

Samstag, 5. Tag

Heute ist Shopping Tag. Wir fahren nach Charlotte in North Carolina. Das Ziel, ein Einkaufszentrum: Ein bisschen Flair des Europa-Centers, nur großflächiger. Ein Schweizer Delikatessen

Geschäft, daneben ein kleiner Schuhladen, dahinter Children´s Paradise (große Plüschelefanten neben süßen Püppchen) etc...

Nachmittags flüchten wir aus diesem Dollar-Dschungel mit einem Riesen-Eis zur Erfrischung. Die müden Füße dürfen sich auf der Rückfahrt über die Staatsgrenze erholen.

Dies war schon mein letzter Tag in South Carolina. Schade, die Gastfamilie war so nett und es hätte noch soviel zu entdecken gegeben. Zum Beispiel: Charleston, eine hübsche, kleine Hafenstadt, mit mehr als achthundert Häusern, aus der Zeit vor 1840, oder Grand Strand, ein gigantischer Sandstrand und, und, und...

Aber San Francisco wartet auf mich. Keine schlechte Alternative meint meine Gastfamilie. Dort sei zwar alles viel lockerer, nicht so konservativ wie im Süden, aber mir wird es bestimmt dort gefallen sagen sie.

Pünktlich um 23.05 h hebt sich die Eastern Maschine ab in Richtung Chicago. In Chicago angekommen, ich habe fast 2 Stunden Zeit, was mache ich? Ich esse meinen ersten amerikanischen Hot Dog. Begeistert bin ich leider nicht. 1.25 h a.m. geht es weiter. Die Zeit bis zur Ankunft in San Francisco, werde ich versuchen zu schlafen. 4.15 h ich bin da. Oh je, mein Freund, wo ist er? Nach und nach gehen meine Mitreisenden an mir vorbei. Nun schlürft nur noch der chinesische Saubermann um mich herum. Was mach ich nur? Plötzlich taucht ein Flugkapitän (oder ist es ein Steward) auf. So alleine? Eigentlich sollte ich ja abgeholt werden. Ein sanftes, ironisches Lächeln „It is not the time of the day, when visitors can come to the gates." – Das ist es! Also düse ich zur Eingangshalle. Und da ist er schon, mein halb-amerikanischer Freund (seine Mutter ist Deutsche).

Das kalifornische Abenteuer beginnt.

Sonntag, 6. Tag

Der erste Tag in San Francisco. Ich stehe erst gegen Mittag auf. Wir trinken frisch gebrühten Kaffee auf dem Sonnendach und ich beschließe als Erstes eine Stadtrundfahrt zu machen. Los geht's zur Deluxe City Tour und zur Eroberung der prickelnsten Stadt der USA: Das Opern House und die alte Mission Dolores (Grundstein der Stadt), Halt am Twin Peaks zur Panorama-Sicht, eine kleine Rundfahrt durch den Golden Gate Park, ein Blick auf den Pazifik, das Cliff House, natürlich die Golden Gate Bridge, Blick auf Alcatraz, Fishermann s Wharf und Pier 39.

Oh je, wie soll ich mir das in einer Woche ansehen? Morgen, morgen und so schnell wird es Samstag werden und ich muss zurück.

Montag, 7. Tag

An meinem zweiten Tag frühstücke ich allein auf dem Sonnendach. Mein halber Amerikaner und seine Freundin sitzen bereits in ihren gut klimatisierten Büros. Ich beschließe jeden Morgen so zu beginnen, Frühstück auf dem Dach mit einem kleinen Nickerchen in der Sonne. Meiner Nase kommt dieser Wunsch nicht zu gute. Schon am ersten Tag hat sie sich in einen Red Skin verwandelt. Aber von den Indianern erzähle ich später.

Mit meinem Stadtplan in der Tasche breche ich auf. Zunächst will ich durch Chinatown gehen und mir das China Gateway ansehen. Tja, wie stellt man sich Chinatown vor? Die Grand Avenue, ist eine Straße. Links und Rechts der Avenue, aneinander gereihte, chinesische Geschäfte, viele, viele Souvenirläden, Restaurants, kleine Schneidereien, Boutiquen... Alles sehr, sehr bunt, ein wenig kitschig? Vielleicht aber doch stilvoll. Ältere Chinesinnen wandeln huldvoll in ihrem Mao-Look neben topmodischen Touristinnen. Eines allerdings sieht man nicht, Stöckelschuhe mit schwindelnden Absatzhöhen, wen wunderst? Die Stadt scheint nur aus lauter Hügeln zu bestehen.

Hunger, aber wo hingehen bei dieser Auswahl? Ich entscheide mich für einen klangvollen Namen (Silver Star) in einer Seitenstraße. Eine Seefisch-Pfanne mit Reis kostet 5,33 Dollar. Eine ganze Kanne Tee und ein Glücksröllchen bekomme ich gratis dazu.

So gestärkt, wandere ich zum Gateway, ganz hübsch, aber nicht so imposant wie ich dachte.

Mal sehen, ob ich das Informationsbüro finde. Mit vielen Broschüren werde ich versorgt und bezüglich meiner Rückreise an ein Reisebüro verwiesen. Die kann man mit der Lupe suchen. Auf meinem Stadtplan entdecke ich das Greyhound-Busdepot. Also nichts wie hin. Eine Fahrt von San Francisco nach Los Angeles kostet neununddreißig Dollar. Der Express-Bus fährt acht Stunden. Klingt billig, nicht wahr? Ich beschließe zu Fuß zurück zu gehen. Nach fast zwei Stunden bin ich wieder auf der Columbus Street und entdecke das Kaffee Europa. Wenn es da keinen guten Kaffee gibt? Es gibt guten Cafe und den billigsten (von Mc Donalds abgesehen) 75 Cents und Refill umsonst. Der Besitzer, ein sehr netter Ungar, gibt mir einige Tipps für andere Kaffees, die ich unbedingt ausprobieren soll.

Auf dem Rückweg zu meinem Feriendomizil komme ich an einem Supermarkt vorbei. Brauche ich noch Zigaretten? Also hinein: Es gibt alles, von Blumen bis zu Lockenwicklern, herrlich frisches Obst, dass ich mir selbst aussuchen darf. Erst an der Kasse gibt es dann das Erwachen, wenn es gewogen wird. Ein netter Service, an der Kasse werden die Lebensmittel eingepackt. Die Preise? Etwas unter unserem Preisgefüge. Aber ich lebe in einer Großstadt. Ein Tourist aus einem zweitausend Einwohner zählenden Ort, wird die Lebensmittel-Preise ganz anders betrachten. Es kommt also auf den Standpunkt an. Keine Diskussion wird es allerdings bei den Benzinpreisen geben: 1 Liter kostet ungefähr fünfzig Pfennige.

Heute soll ich ein bisschen vom Night life sehen. Zunächst rauschen wir im Hard Rock Cafe ein. Bei einem Glas kalifornischen Wein, gehen wir eine Runde durch das Lokal, eine delikate Mischung, ja delikat, eine hübsche Essecke mit kartierten Tischtüchern, eine lange hölzerne Theke, verschachtelte Ecken mit hübschen kleinen Tischen. Die Dekoration besteht aus goldenen Schallplatten, einem Auto aus den fünfziger Jahren (etwas verkleinert natürlich) und vielen Grün-Pflanzen. An der Bar sitzt eine mittelalterliche Amerikanerin mit ihrer Tochter (vielleicht fünfzehn Jahre alt). Die Mutter bereits mit entrücktem Blick, fragt, wer denn den Box-Kampf gewonnen habe. Oh je, der kalifornische Wein? Nein, sie trinkt Champagner, französischen.

In Harry s Bar, ein paar Straßen weiter, ist das Publikum etwas älter. Die Einrichtung, in Mahagoni, entspricht dem Stil der Besucher. Hier versuche ich einen Kir zum Abschluss des Abends.

Dienstag, 8. Tag

Ich beschließe zum Reisebüro American Express zu gehen, das einzige, das ich bisher gesehen habe. Der Angestellte sieht mich mit großen Kulleraugen verständnislos an. Nach Phoenix fliegen, für eine Nacht, ohne Auto... Auf der Karte liegt es nur so um die Ecke. Eine Flugstunde, ein-/ auschecken, fast jede amerikanische Stadt ist sehr, sehr großräumig. Ohne Auto kommt man nicht einmal vom Hotelzimmer in das Bad. In der Zwischenzeit bewundere ich seine Geduld mit mir. Wie viele Touristen kommen wohl täglich mit meinen europäischen Flächen-Vorstellungen? Ich erfahre noch, dass der billigste Flug nach Los Angeles neununddreißig Dollar kostet und die Flugzeit eine Stunde beträgt. Enttäuscht bin ich doch ein wenig und versuche mich mit einem Hähnchensalat mit Walnüssen und Cafe im Caravansary (erstes Kaffe auf der Liste des netten Ungarn) für 5,30 Dollar zu trösten.

Was will ich mir heute noch ansehen? Fishermann s Wharf, Pier 39, drei Einkaufszentren (The Anchorage, The Cannery, Ghiradelli Square). Fangen wir mit den Einkaufszentren an: Alle drei unterscheiden sich wenig, (nur die Gebäude, im Ghiradelli, oder besser das Ghiradelli war einmal eine Schokoladenfabrik) elegante, teure Restaurants, Cafes, Boutiquen, Souvenirläden und und....

Eine Hafenrundfahrt, ab Pier 39 erscheint genau das Richtige um diesem Touristenpulk zu entgehen. Es herrscht ein wenig Seegang und selbst Alcatraz lockt mich nicht an Deck. Früher fristeten Gefangene, ganz berühmte sogar, wie Robert Straud, der Vogelmensch, hier ihr Dasein, heute erklimmen Touristen die steinigen Höhen. Über Lautsprecher wird von den Geburtstagen der Bay Bridge und der Golden Gate erzählt.

Beim anschließenden Stoppover in einer versuchten Darstellung der Stadt San Francisco Vergangenheit und Gegenwart, sehe ich unter anderem Dias vom großen Erdbeben 1906. Schrecklich! Am Ende dieser Supershow werden Bewohner gefragt, warum sie trotz der Gefahr, einer erneuten Katastrophe, weiter in San Francisco wohnen. „Ob auf der Straße, im Flugzeug überall kann etwas passieren. Ich liebe diese Stadt. Hier ist alles. Hier ist das Leben. Warum soll ich weggehen?" Fast alle Antworten klingen so oder ähnlich.

Etwas zum Nachdenken bei einem unverschämt teuren Krabbencocktail 3,50 Dollar. Hier am Hafen gibt es überall kleine

Stände, die Fisch-Imbisse anpreisen. Die zahlreichen Restaurants, wagt die eigentlich noch jemand zu betreten, nach einer solchen Vorspeise? An diesem Abend, meine Freunde sind ausnahmsweise nicht gehetzt zu einem beruflichen Essen aufgebrochen, sitzen wir auf der Veranda, genießen die Aussicht bei einem Glas kalifornischen Wein.

Mittwoch, 9. Tag

„ Also morgen früh rufst Du Joe an. Der wird Dir sagen, wo es Indianer- Reservate gibt". „ Ja, nördlich von Santa Rosa gibt es welche. Am besten, Du fährst mal hin". Zunächst einmal muss ich meinen Flug rückbestätigen. Erledigt, KLM, KL 602 Los Angeles - Amsterdam, mein Platz ist ok. Und nun, wie kommt man nach Santa Rosa? Mit dem Bus, erklärt mir die „Reisehilfe" am Busdepot. Welche Frage? 3,70 Dollar pro Strecke, Fahrtdauer zwei Stunden. Reservierung? Ich soll morgen einfach um Bus gehen.

Das Embaracadero Center ist für heute angesagt. Ein riesengroßes Center für Büroleute (die hier ihr amerikanisches Arbeitsleben lieben), Restaurants, geschmackvolle Boutiquen, Fast Food, ... Ich esse auf dem Innenhof: Mexikanisch. Um mich herum sind lauter Büroleute. Es ist „lunch break".

Bei einem Bummel durch die Geschäfte, entdecke ich das Hinweisschild auf ein Reisebüro. Die billigsten Flüge nach L:A:? neunundachtzig,-- Dollar. Aha, denke ich. Tja, also wieder hin, zum American Express. Ich habe beschlossen zu fliegen. Der Rückflug wird anstrengend genug. (Bus neununddreißig Dollar, Billigster Flug neununddreißig Dollar)

Leider ist der günstigste Flug ausgebucht. Aber die Angestellte bemüht sich sehr. Schließlich klappt es: Neunundvierzig Dollar,

Samstag 05.00 p.m. Abflug, Ankunft 06.16 h in L.A. Das reicht mein Rückflug ist um 8.40 p.m.

Was will ich unbedingt machen? Kaffee trinken. Diesmal bei Epplers. Hier gibt es eine lange einladende Kuchentheke und Kaffee per Self service. (Market, Ecke Grand)

Zum Cable Car Terminal ist es nur ein Katzensprung. Für 1,50 Dollar drängle ich mich neben vielen Touristen in das Car. Die Hügel, die sich San Francisco nennen, aus einer ganz anderen Perspektive. Ich fahre fast bis zum Hafen, dort habe ich einen kleinen Park entdeckt. Hier genieße ich den leise klingenden Wind, die Möwen, den Blick auf das sonnenglitzernde Meer.

Donnerstag, 9. Tag

Heute ist der große Tag. Ich werde ein Indianer-Reservat sehen, werde ich? Erst einmal zur Bushaltestelle. Ein Blick auf die Uhr. Nach neunzig Minuten, sechs Minuten vor der Abfahrt, habe ich die Station zu Fuß erreicht. Der Bus ist noch nicht da. Aber ich sehe meinen ersten Indianer. Er sieht aus wie ein Prärie-Indianer, schade, dass die Armee-Jeans diesen Eindruck trübt. Ich nehme meinem ganzen Mut zusammen und stelle die intelligenteste Frage meines Lebens "Du bist doch Indianer?" Ein mildes lächelndes „Ja". Ich fahre nach Santa Rosa. Gibt es dort Reservate? „Aber ja, Du findest sie." Derartig bestärkt, gratuliere ich mir zu meinem Entschluss nach Santa Rosa zu fahren.

Als erstes frage ich mich zur Touristik Information durch. „ Ein Indianer-Reservat? Nein hier gibt es keine." (eine sehr unfreundliche Lady). Außerdem was ich da wolle? „Ich bin Touristin, einen weiten Weg aus Germany gekommen. Einmal in den USA möchte ich mir eines ansehen". Ein älteres Ehepaar kommt herein. Die Lady nutzt diese willkommene Gelegenheit und wendet sich von mir ab. Etwas verlassen stehe ich herum. Endlich erbarmt sich ein junges Mädchen. „ Ach Du willst in ein Indianer-Reservat?" Wieder die Frage "Warum?". Meine Antwort ist die gleiche (bald soll ich sie automatisch abspulen). Sie telefoniert ein wenig, verkauft mir einen Stadtplan, und schickt mich dann zum County Museum. Nach einer knappen Stunde bin ich da. Mutig hinein. Fast die gleiche Prozedur. Allerdings diesmal ein älterer Herr und eine ältere, bebrillte Dame. „Indianer-Reservat?" sagt der ältere Herr. Ja, er hat schon welche gesehen in den Bergen, außerhalb. Aber wie da hinkommen? Taxis? Zu teuer, Busse? Fahren da nicht hin. Warum will ich denn eigentlich in ein Reservat? fragt er mich. Ach ja, mein Text kommt perfekt. Die Lady schiebt ihre Brille ein wenig höher, macht den Vorschlag: ich solle doch in das Jesse-Peter-Musueum im Santa Rosa Junior College gehen. Wahnsinnig informativ, sagt sie. Dort könne man mir viel über Indianer erzählen. Besser als nichts, ich bedanke mich mit einem Blick auf meinen Stadtplan. Es sieht gar nicht so weit aus.

Eine Stunde ist vergangen. Schwitzend und gar nicht mehr so mutig, endlich das College. Ein lieber Polizist ist der erste, den ich nach dem Museum frage. Er weist in eine weit entfernte Richtung. Nun ist es schon gar nicht mehr so wichtig. Ich will nur noch ankommen. Der Student, den ich als nächstes frage, lächelt aufmunternd, „ um die nächste Ecke". Vorbei an einem Sportplatz, hier wird gerade Soccer (so nennen die Amerikaner unseren heißgeliebten Fußball) gespielt, ein Schild, ich bin da! Herein spaziert, das riesig informative Museum, ist so groß wie meine Küche. Oh ja es gibt Interessantes, ungefähr soviel wie in fünf Minuten Western zu sehen ist. Noch gebe ich nicht auf. Schließlich ist ja am Eingang eine Dame mit vielen Informationsblättchen. Ein Indianer-Reservat, welche Frage, in Santa Rosa doch nicht. Am Besten ich fahre wieder nach San Francisco, kauf mir eine Karte von Kalifornien suche einen Punkt der Point Rays heißt, da stehen ein paar alte Häuser. - Diesen tollen Rat werde ich nicht befolgen.

Ich verlasse Museum und College eilenden Schrittes. Aus, mein Indianer Abenteuer ist zu Ende. Noch nicht, nicht ganz so schnell.

Vor dem College entdecke ich ein Burger King und daneben eine Eis-Factory. Aus lauter Lust genieße ich zunächst ein Riesen-Eis mit Schlagsahne und danach einen Doppel-Whopper mit Käse. Aber es hilft nicht. Ratlos starre ich meinen Stadtplan an. Wen könnte ich noch fragen? Plötzlich lese ich „Mark Springs Indian Rancharero". Na bitte, selbst ist die Frau. Dahinten ist doch eine Tankstelle. Da werde ich fragen, wie ich denn da hinkomme. Diesmal kommt mein Vers noch besser, ich weiß wo ich hin will. Der Junge ist süß, wir rufen ein Taxiunternehmen an. Vierzig Dollar hin und zurück. Jetzt ist mir alles egal. Ich will hin. Das Taxi kommt. Wo s denn hingehen soll? Ich zeige es ihm auf der Karte. Ja er weiß, wo es liegt, sagt er. Nach einer kleinen Landschafts-Rundfahrt werde ich ein wenig ungeduldig. Die dritte Zigarette schmeckt nach „wohin"? Links muss es gleich sein, meint der Fahrer. Vorsichtshalber fragt er da vorne an einem Hotel. Ein Manager-Typ kommt an den Wagen. „Indianer-Reservat"? Meine Antwort kommt nicht mehr fließend, nur noch stockend. Er lebt seit einunddreißig Jahren hier, aber ein Reservat gibt es hier nicht. Ich weiß nicht mehr, was ich machen soll. Der Taxifahrer fährt zurück, ob ich noch etwas von Santa Rosa sehen will? Um Himmels willen, nein! Eine halbe Stunde später sitze ich im nächsten Bus nach San Francisco.

Am Abend erzähle ich von meiner Suche nach einem Reservat. Mein halb-amerikanischer Freund spricht von einem unterdrückten Schuldgefühl der Amerikaner gegenüber den Indianern. Was wollen diese Touristen denn sehen? Die Schlacht am Big Horn ist passe. Ich denke nicht, dass all die Tränen und das Blut eines langen, bitteren Kampfes vergessen sind. Warum sonst, fragt jeder zuerst, warum??? !!! willst Du ein Indianer-Reservat sehen??? Nur der einzige Indianer, den ich traf, der hat nicht gefragt, warum!

Der kalifornische Wein schmeckt heute Abend irgendwie anders, trockener?

Freitag, der 10. Tag

Mein letzter richtiger Tag und ich verschlafe. So schaffe ich erst um 12.40 h die Fähre nach Susalito. Es wirkt wie ein Fleckchen Süd-Frankreich, ein Künstler-Ständchen mit einem besonderen Flair. Sogar ein second Hand Souvenir-Lädchen entdecke ich. Heute gönne ich mir ein richtiges Restaurant „Horizonts". Die nette Bedienung weist mir einen Platz an, der mir wie eine lange Theke, direkt am Meer vorkommt. Ich genieße den Blick auf die vorbei gleitenden Segelboote, auf die entfernten Wolkenkratzer, auf das Meer...

Eigentlich will ich noch ein Dessert essen, aber nach diesem Salat mit Meeresfrüchten (12,75 Dollar), schlürfe ich nur noch einen Becher Kaffee. Ich muss mich beeilen, ein paar Photos noch, dann fährt das Boot zurück. Heute wollen wir schick ausgehen, heute Abend. Vorher muss ich unbedingt noch zum Friseur.

Nach einer Stunde bin ich fertig. Meine Haare, scheußlich, und in meinem Portemonnaie fehlen ganze achtzehn Dollar. (Trinkgeld fünfzehn vom zu zahlenden Preis, sind obligatorisch in Restaurants, Kaffee und so weiter). Ich gebe hier keinen Tipp.

Der Abend wird trotzdem schön. Wir gehen in s Pregos. Ein kleines gepflegtes italienisches Restaurant. Es ist in. Wir warten eine Stunde an der Bar, aber die Zeit vergeht so schnell. Ein teueres, gutes Restaurant, lange Wartezeiten, kleine Portionen und ein Preis, der mich fünf volle Einkauftüten nach Hause hätte tragen lassen. Wie gut, dass ich so gerne Hamburger esse. Doch die kleinen Portionen haben auch ihren Vorteil. Wir müssen sie heute Abend nicht abtanzen.

Der Discjockey kennt sowieso keine Gnade mit meinem europäischen Pop-Herz. Im Ibeams schäppert laute Rock-Music. Endlich etwas, dass ich kenne. Die Chance verpasst. Meine Freunde beladen mich mit Taschen und Jacken, „Möchtest du tanzen". Zum fünften Mal zucke ich nur mit den Achseln. Dieser aber ist hartnäckig. Ich sage in meinem besten Französisch: „Leider spreche ich kein Englisch". Oh Schreck „Tu es francaise alors" Sehr dumm von mir. Französisch und Spanisch sind hier in Kalifornien die ersten Fremdsprachen. Deutsch spricht kaum jemand (außer den vielen Einwanderern natürlich!).
Wir gehen gegen zwei Uhr. Mein letzter Abend und ich bin müde. Wo haben wir nur geparkt? Das Auto ist weg, abgeschleppt.
Erst am anderen Morgen dürfen wir es abholen für fünfzig Dollar Parkgebühren.

Samstag, 11. Tag

Nun wieder mit Auto, überlegen wir, was ich alles nicht gesehen habe unter anderem die Castro Street, das Gay Viertel. Ich muss es gesehen haben, sagen meine Freunde. Wir haben gerade noch Zeit für letzte Photos an der Straße. Gehetzt betreten wir das Patio - Kaffee, es gehört einem Deutschen, einem der vielen in Kalifornien. Mein letzter Hamburger. Am Flughafen weiß ich nicht so richtig, was ich sagen soll, meinen halb-amerikanischen Freund werde ich lange nicht wiedersehen. Ich habe vergessen meine Sonnenbrille abzusetzen, beim fünften Wangenkuß, beginne ich zu weinen. Eine letzte Umarmung „Grüß alle zu Hause". Ich werde alle grüßen und erzählen wie es war, wenn ich morgen, Sonntag, 16.05 h Ortszeit in Amsterdam lande.
Ich bin gerade lange genug geblieben um durch ein Schlüsselloch zu blicken, um zu hören, wie das Eincent Stück in den Brunnen des Einkaufs-Centers in Charlotte fiel. Bringt es Glück, darf ich wiederkommen?

Ein amerikanischer Traum – Part Two

Dies Mal bin ich nicht alleine. Gott sei Dank. Denn es geht gleich gut los: Nebel über Amsterdam. Wir warten in Dresden, denn von hier sollten wir über Amsterdam und Detroit nach Phönix fliegen. Zunächst trauen wir uns nicht an den Kaffee, denn da steht ein großes Schild "Nur für Lufthansa-Gäste". Nach cirka zwei Stunden ist klar, wir werden LH-Gäste. Eurowings hat uns umgebucht auf Lufthansa und United. Wir werden über Frankfurt und Washington nach Phönix fliegen. Die Übergangszeit in Washington erscheint uns zu kurz. Aber es gibt keine andere Möglichkeit nach Phönix zu kommen. Wir machen schon Pläne für den Fall, dass wir in Washington übernachten müssen. Eine Stadtrundfahrt und vielleicht ist ja auch Bill in der Stadt.

Meine Zigaretten gehen zur Neige. In den Duty Free darf ich eigentlich nicht. Aber die Verkäuferin hat Mitleid. Wir genießen unseren Lufthansa Kaffee bis es endlich losgeht nach Frankfurt. Manchmal sind wir wie ein altes Ehepaar. Der Zollbeamte in Frankfurt bricht in schallendes Gelächter aus. Ich habe Steffens Pass hingelegt und ein strahlendes Lächeln auf mein Gesicht gezaubert. Wir dürfen passieren und laufen durch ein Labyrinth von Gängen und Fluren. Es geht weiter nach Washington. Unser Menü: Seafood-Cocktail, Rindfleisch in Rosmarin-Sauce, Salat und Buttercremetorte.

In Washington haben wir nur eine halbe Stunde Zeit für die Einwanderungsbehörde, zum Gepäck identifizieren und bitte, bitte eine Zigarette rauchen. Den ersten Flughafenbeamten, den wir sehen, fragen wir. Und es gibt einen Glaskasten, der nach Rauch stinkt, die Luft ist zum Schneiden rauchgeschwängert. Ausgestellt wie Mumien, stehen und sitzen die letzten Menschen, die an ihrer Sucht festhalten. Unser Blick nach draußen zeigt so dicke, wirklich dicke Menschen.

Schnell haben wir unseren Schalter gefunden und los geht's. Außer uns sind noch ungefähr vierzig Personen in diesem Riesenflugzeug. Die Stewardess drängt mir drei Tüten Goldfischli auf, mit den Worten „Nimm Schätzchen, es gibt kein Abendessen." Tatsächlich bekomme ich eine Diät Cola. Das ist alles. Aber eigentlich sind wir auch nur noch müde. Platz ist da und so können wir beide richtig liegen, der Flug vergeht so schnell, so dass wir gar nicht glauben können, dass wir schon in Phönix, Arizona sind. Es ist 00.30 Uhr und die Autovermietungen haben alle noch geöffnet. Der Verkäufer überzeugt uns, ein Upgrading auf ein größeres Auto ist die geniale Idee und kostet nur eine zusätzliche Versicherung von pro Tag US Dollar 5.99. Eigentlich denken wir, dass wir alle möglichen Versicherungen schon haben. Aber, aber sagt unser Verkäufer? Eine haben wir nicht. Nämlich die, wenn was passiert und der andere hat keine Versicherung. Todmüde stimmen wir schließlich diesem Schnäppchen zu. Auf dem Parkplatz suchen wir nach unserem Nummernschild. Als wir es finden, werden wir wieder wach. Ein taubenblaugrauer Pontiac wartet auf uns. So ein schickes Auto und nun? Suchen wir uns ein Hotel oder fahren wir einfach weiter. Phönix ist verschlafen, kaum Autos auf den breiten Straßen, nur wenige einsame Lichtreklamen leuchten. Es ist besser jetzt ein Hotel zu suchen, ein paar Stunden zu schlafen und dann früh aufzubrechen. Im Ramada Hotel drücken wir die Nachtklingel und eine freundliche Lady sagt uns gerne $89,-. Wir kommen glücklich um 02.30 Uhr in unser Zimmer mit Mikrowelle, Fernseher, Radio, Sofa, Sitzecke, Kaffee-/Teezubreiter, Kühlschrank, Fön. Gemütlich, viel zu schade für nur eine Nacht.

Am 16. Februar um 08.15 Uhr brechen wir in Phönix auf Richtung Fort Verde, ein Fort von cirka 1900. Man sieht einen Exerzierplatz und im kleinen Museum wird bestimmt viel zu sehen sein. Wir fahren weiter zu Montezumas Castle. Felsenwohnungen von Anaszi Indianern. Ungefähr 1200 nach Christus lebten sie hier an einem Fluss und betrieben Ackerbau. Warum sie hier weggingen, so ein schönes Fleckchen Land verließen, dass weiß der Sprachcomputer vor einer Miniaturnachbildung der Wohnungen auch nicht.

Flagstaff wartet jetzt auf der Durchfahrt auf uns. Eines der bekanntesten Skigebiete der USA. Links und rechts vom Highway liegt auch manchmal noch etwas Schnee und die Sonne scheint. Auf der Karte haben wir den Sunset Crater entdeckt und beschließen ihn uns anzusehen. Ein National Monument. Riesige Lavafelder. Lavaasche, die auf der linken Seite eines Berges nur ein paar Bäume atmen lässt, auf der anderen ein Baumblüten-Meer.

Am fernen Horizont sehen wir die gemalte Wüste. Rosa, rostrot, hellgrün und, und ...eine unendliche Farbpalette. Wir entdecken noch eine Ruine, die Wupatki-Ruins (Anaszi 1200 nach Christi). Unser Ziel für heute ist Tuba City.

Eigentlich sollte der achtzehnte Februar der Tag, der Tage werden. Seitdem wir am sechzehnten Februar die Grenze des Navajo-Indianerreservates überschritten haben, ist meine Spannung groß. Ich habe soviel gelesen über Indianer früher und heute. Woher diese Affinität rührt? Meine katholische Erziehung müsste mir verbieten an Wiedergeburt zu glauben. Ich denke aber, dass unsere Seelen weiterleben. Manchmal erinnern wir uns an Dinge, die wir nie erlebt haben können. Aber vielleicht ja doch. Es gibt viele Völker, denen Unrecht widerfahren ist und wird. Warum sind nun die Indianer so etwas Besonderes? Stolz, Armut, Ehre, Vertreibung, Ermordung, ich weiß es nicht. Tuba City, ist also unsere erste Station im Navajo-Reservat. Wir wissen nicht genau, ob es hier ein Hotel gibt.

Gibt es, ein Quality Inn. Unser Zimmer hat indianische Möbel und Bilder. An der Rezeption steht eine kleine Navajo-Dame mit Brille und ganz langen glänzenden schwarzen Locken. Natürlich benehmen wir uns wie Touristen. „Wir würden gern indianisch Essen gehen. Haben Sie eine Idee?" Eine selten dämliche Frage, weil die verschiedenen Stämme natürlich auch eine unterschiedliche Küche haben. Aber wie fragt man das? Sie ist sehr lieb und empfiehlt uns eine LKW-Raststätte. Na ja, an der sind wir schon vorbeigefahren, aber irgendwie erscheint sie uns nicht wie ein Restaurant. Aber wir fahren hin und befolgen ihren weisen Rat nur einen kleinen Navajo-Tacco zu probieren. Sie meint, der große wäre zuviel. Recht hat sie. Ich kann nicht einmal den kleinen ganz aufessen. Neben uns sitzt eine Navajo-Familie, Opa, Oma, zwei quirlige Enkelkinder und die Mama sind dabei. Am Tisch vor uns sitzen zwei Indianer bis auf die Zähne bewaffnet. Scherz beiseite. Zwei Navajo Polizisten mit Pistole und Laserpistole im Auto. Einer hat sogar noch einen kleinen Hund dabei. Nach unserem Essen sind wir ziemlich müde und fahren in unser Hotel. Ich träume von einem Indianermädchen, das auf einem Pferd sitzt, vor ihr sitzt ein Mann, den ich nicht erkennen kann. Das Mädchen blickt sich traurig um, während der Mann mit ihr fortreitet.

Am siebzehnten Februar brechen wir wie immer früh auf. Unser erstes Ziel für heute ist das Navajo-National Monument. Hier erwartet uns ein einsamer, zurückhaltender Navajo-Ranger. Kaffee, nein, den gibt es nicht. Schade, es ist so kalt hier oben. Canyon Schluchten öffnen unseren Blick. Eine indianische Schwitzhütte ist ausgestellt und ein Hogan. Noch wissen wir nicht, dass dies ein männlicher Hogan ist. Nach unserer Tour durch das Monument Valley wissen wir soviel mehr über die Navajo-Kultur.

Es gibt Bilder und Begegnungen, die einen so ergreifen, dass man es vom ersten Augenblick an weiß, und sich sicher ist, dass man sie nie im Leben vergisst. Das Monument-Valley, aus der Marlboro Werbung, natürlich ist das die erste Assoziation. Aber die Wirklichkeit ist größer, weiter, gigantischer. Viele Worte, doch beschreiben sie was wir sehen? Verne, unser Navajo-Führer sagt, jeder Tag ist ein Feiertag, ein Tag, an dem wir leben dürfen. Navajos brauchen keinen Valentinstag oder Erntedankfest. Jeder Tag ist etwas Besonderes. Eigentlich möchte ich, dass dieser Tag nicht endet. Verne zuzuhören, diese Felsgiganten in der leuchtenden Sonne, mal tanzen die Steine, mal scheinen sie zu schlafen und die Unendlichkeit der Zeit haucht uns an.

Wir besuchen einem Hogan, diesmal einen weiblichen. neun tragende Balken, sie symbolisieren, die neun Monate, die ein Baby braucht um auf die Welt zu kommen. So ein Hogan sieht aus wie ein Wigwam, nur aus Lehm. Eine steinalte Navajo Lady zeigt uns, wie sie einen Teppich webt. Verne erzählt, wie die Färbung des Garns entsteht. Aus Zwiebelhaut wird zum Beispiel die braune Farbe gemacht. Beim Abschied wissen wir nicht so richtig was wir sagen sollen. Verne hat so viel erzählt. Über seine Familie „Atene" wurde ein Buch geschrieben. Er ist so stolz und so zufrieden mit seinem Leben, mein Stress kommt mir so albern vor.

Von Four Corners rät Verne uns ab, dass sei nur eine Platte in der Erde, auf der die Namen der vier aneinander grenzenden Staaten steht, mehr nicht. Also fahren wir zum Canyon de Chelly, aber nur den South Rim noch ein kleines Stück. Irgendwie beeindruckt uns heute gar nichts mehr.

Während Phil, ein unwahrscheinlich dicker, verträumt blickender Navajo, Steffen zärtlich anblickt, verspricht er immer für uns da zu sein. Das für uns, glaub ich ihm nicht so ganz. Aber für Steffen bestimmt. Wo? Natürlich an der Rezeption unseres heutigen Hotels. Unser Holiday Inn in der Trading Post, eine alte Handelsstation, ist sehr romantisch gelegen. Heute Abend probieren wir Chardonnay ohne Alkohol. Eine Erfahrung, aber nur eine. Alkohol Besitz ist im Navajo-Reservat strengstens verboten. Der Salat mit Senf-Honig-Dressing schmeckt delicious.

Heute am achtzehnten Februar haben wir viel vor. Zunächst fahren wir noch einmal zum Canyon de Chelly und fahren den North Rim. Wir können nur einen ganz kleinen Eindruck gewinnen. Grüne unendliche Schluchten tun sich vor uns auf. Unwillkürlich tauchen Bilder aus Western-Filmen vor uns auf. Navajos in Kriegsbemalung verstecken sich in den Felsen mit Pfeil und Bogen. Sie warten geduldig und schießen dann auf Weiße, die mit ihrem Treck durch die Schlucht ziehen. Unsinn, Navajos kennen nicht einmal eine Kriegsbemalung. Sie sind heute in dieser Schlucht, was sie schon immer waren: Bauern, die hier Mais, Melonen und anderes Gemüse anbauen. Wir sind heute Morgen ganz allein. Ein paar Navajo-Frauen warten geduldig auf den Parkplätzen um ihren Schmuck zu verkaufen. Nur ein älteres amerikanisches Ehepaar begegnet uns. Wir sollen das kleine Ruinendorf am Randes eines Felsens nicht versäumen und die Felsenzeichnungen. Tatsächlich wir finden sie: Antilopen? spazieren über eine riesige Felswand.

Das Hopi - Reservat liegt mitten im Navajo-Reservat. Laut Reiseführer leben die Hopi noch sehr traditionell und sehr zurückgezogen. Hier sind Zeichnen, Fotografieren, Tonaufnahmen strengstens verboten. Auf einem Felsplateau liegt First Mesa, das erste Hopi Dorf. Eine Anhäufung von kleinen Steinhäusern und einfachen Holzhäusern und dahinter die vielen Plumps-Klos. Es ist noch sehr früh. Das Dorf ist noch verschlafen. Ein einzelner großer junger Hopi überquert die staubige Straße und grüßt uns sehr freundlich. Aber ich möchte nur weg. Es wirkt auf mich alles so schmutzig und macht mir Angst. Also, auf, raus aus dem Hopi Reservat, zum Petrified Forest: Versteinerte Bäume, zwei Millionen Jahre alt. Wir sehen verschiedenartige Gesteinsarten und Dinoskelette. Aber nur ein Aussichtspunkt fasziniert mich richtig. Agates Bridge: Hier hat ein versteinerter Baum eine Brücke geformt. Zwei Krähen streiten sich gerade. Sie scheinen zu fragen:" Wo kommen denn die Touristen nun schon wieder her?"

Die versteinerten Bäume lassen uns kalt, während die Farben des Painted Dessert unsere erwartungsvollen Seelen erwärmen. Rosa, grün, grau, braun, gerade frisch angemalt für uns. Heute Abend gehen wir Steak essen. Wir sind in Winslow, außerhalb der Reservate. Es gibt Wein, aber die Steaks sind schlecht. Auf unserer Rückfahrt zu unserem Holiday Inn-Express fahren wir durch die Altstadt, viele geschlossene Geschäfte, ein wenig Western Touch, irgendwie heruntergekommen und arm. Hier kosten zwei Riesensteaks im Supermarkt nur $ 5,99. Ist hier der amerikanische Traum zu Ende geträumt?

Wir fahren heute Morgen zu einem großen Traum der Menschheit: Die Raumfahrt. Im Meteor Crater ist das Apollo Training Center. Im Visitor Center bewundern wir Bilder, die uns ganz genau aufzeigen, wie der Meteor eingeschlagen ist. Kreiere deinen eigenen Meteor. Wir probieren auch das.

Die 89 A, eine Scenic Road führt uns durch den Oak Canyon nach Sedona. Ein Künstlerstädtchen in Mode gekommen als Altersruhesitz für betuchte Amerikanos. Wunderschöne Villen, Schweizer Restaurants, glitzernde Galerien. Der Duft der Dollarnoten liegt in der sonnigen Luft. Wir fahren weiter zum Factory Outlet und hier verfallen wir dem Kaufrausch. Eine Anne Klein Jeans kostet achtzehn US Dollar. Unsere Verkäuferin ist eine hübsche steinalte Lady. Sie würde so gerne verstehen, was wir sagen. Ach, also sprechen wir Englisch. Nehme ich nun den Gürtel mit der goldfarbenen oder doch lieber mit der silberfarbenen Spange?

Weiter geht es zurück nach Flagstaff. Wir fahren durch die Altstadt. Irgendwie fühle ich mich wie ein Cowgirl. Diese Altstadt ist eine richtige Westernstadt-Kulisse.

Heute, am Samstag, fahren wir auf der Scenic Road 180 Richtung Tuscayan, eine kleine touristische Ansiedlung am Grand Canyon. Es gibt diverse Aussichtspunkte. Die Farben leuchten rot, rosa, grün und braun. Felsschluchten, die aussehen wie Tempel und auch so heißen zum Beispiel Brahma Tempel.

Havasupai Lodge unser eigentliches Ziel für heute Nachmittag, wie kommen wir da am besten hin? Wir fragen mal eine freundliche Rangerin im Visitor Center. Die nette Lady sagt: „ Nur per Hiking kommt ihr Folks dahin". Ich denke Auto parken und Hiking bis uns ein Indianer mitnimmt? Vorsichtig frage ich dann, was sie denn meine mit „Hiking". Nun denn sagt sie, wandern. Dann folgen Zahlen. Acht Meilen und zwei Meilen bis zum Wasserfall, den wollen nämlich alle Touristen sehen. Ich sehe Steffen und mich acht Meilen mit Samsonite und Beauty-Case bergauf bergab wandern und wüste Beschimpfungen ausstoßen, welcher Idiot denn diese wunderbare Idee hatte.. Dann fährt sie fort, könne man auch reiten. Transfer per Pferd $ 80 pro Person. Ach, den Eintritt hat sie fast vergessen. Es ist ein kleines Reservat $ 12. Wir fahren doch lieber weiter.

Über Williams nach Seligman. Hier machen wir einen Stopp an einer Tankstelle. Unser letzter Tropfen Benzin. Aber Manitu sei Dank, es hat gereicht. Wir bezahlen und der Tankwart, sieht aus wie eine lebende Mumie, die spricht: "Hy folks und gute Fahrt." Die Orte an der Route 66 wirken heruntergekommen, die Motels und Hotels wirken wenig vertrauenerweckend. Auf der Karte lese ich Valentine. Ein romantisches Motel, Kerzenschein, eine große Badewanne... Schön geträumt: Zwei verlassen wirkende Häuser und mehr nicht. Wir fahren also einfach weiter bis Kingsman und entscheiden uns für eine Travelogde. Ein grober Fehler. Wir erhalten ein Raucherzimmer. Es ist abgewohnt und dreckig. Wir duschen lieber nicht.

Heute Morgen geht es weiter. Die Altstadt von Kingsman suchen und finden wir. Einen kleinen Hauch von Vergangenheit können wir spüren. Nun ruft die Wüste. Und es geht wirklich durch die wüste Wüste zum Hoover Damm. Ein technisches Wunderwerk mitten im Nichts unter steilen kahlen Bergen. Plötzlich taucht ein Schild in der Wüste auf: Willow Creek. Wir biegen einfach mal ab. Auf der linken Straßenseite mitten im Wüstennichts tauchen zwei Bighornsheeps auf. Im Radio wird gerade „Red Shoes" von David Bowie gespielt. Die beiden Langhörner schauen uns interessiert in die Kamera. Willow Creek taucht nach cirka fünf Meilen auf. Ein versteckter kleiner Hafen, eine Fischzucht und Felsen, die sich ganz nackt direkt ins blaue Meer fallen lassen. Ein Müsli unter Palmen und weiter geht es.

In Boulder City besuchen wir das Visitor Center und erfahren, dass der Hoover Damm Wasser bis nach Los Angeles liefert. Roosevelt hat den Damm eröffnet. War es 1931 oder 1936? In Boulder City wohnten die Arbeiter, die dieses Meisterwerk gebaut haben. Nach diesem Stopp geht es weiter nach Las Vegas. Riesige viele Häuser, dreispurige Autobahnen. Sonntag früh, wir fahren auf dem Strip. Nein wir fahren nicht, besser gesagt wir schleichen, es ist Stau. Wir finden eine Las Vegas Tourist Information direkt am Flughafen. Es finden zurzeit drei Kongresse und ein Autorennen statt, erzählt uns eine Lady, die sehr gut Deutsch spricht. Bei diesen Übernachtungspreisen brauchen wir erst einmal eine Zigarette. Also gut; Aus fünf Nächten Las Vegas werden zwei Nächte. Wir buchen das Hotel Luxor für die letzten beiden Nächte unserer Zeit. Etwas mulmig ist mir. Die Dame im Verkehrsbüro hat uns erzählt, dass die armen Touristen in ihren Autos geschlafen haben, weil alles ausgebucht sei. Wir vertrauen auf unser Glück und fahren neunzig Minuten gen Norden nach Mesquite. Es liegt fast an der Grenze von Utah. Ein Mini Las Vegas, vier Hotels, mehrere Motels, Geldspielautomaten überall: Im Supermarkt, an der Tankstelle. Wir entscheiden uns für das Casablanca Resort Hotel mit einem wunderschönen palmenumstandenen Pool. Ein Fitness-Center mit Finnischer- und Römischer Sauna gibt es auch. Ob wir ein Zimmer im Hotel oder Motel möchten? Welches ist denn schöner? Sie seien beide schön, versichert man uns, nur das im Motel habe auch eine Küche. Leider sagt man uns nicht, dass die Küche nicht eingerichtet ist. Es gibt weder Tassen noch Teller noch Töpfe.

Heute, Montag, genießen wir einfach mal unser Hotel. Wir haben ja Urlaub. Die Wüstensonne scheint auf uns an unserem Pool. Wir liegen auf unseren Liegestühlen im privaten kleinen Garten und träumen. Es ist Februar und in Deutschland schneit es ganz bestimmt. Am Abend gehen wir essen in unser Hotel. Das Buffet kostet $ 7,99 für die erste Person und für die zweite die Hälfte. Gegrillter Lachs, unzählig viele Salate, Hummer, nein dazu kann ich nicht nein sagen. Auf dem Rückweg zu unserem Motel kann ich vor Bauchschmerzen und Lachen nicht mehr laufen.

Es ist Dienstag und wir fahren auf der Autobahn ca. zweihundert Kilometer zum Factory Outlet an Las Vegas vorbei Richtung Süden nach Primm. Zwei Kasinos, zwei Hotels, ein Einkaufszentrum laut. Prospekt, groß, größer, am tollsten. In der Realität haben schon viele Geschäfte geschlossen. Es ist überteuert und aber die Japaner kaufen doch alles. Gut, fahren wir also nach Las Vegas zum nächsten Outlet: Das All of America mit einhundertfünfundvierzig Geschäften. Qualität und Preis sind hier weit voneinander entfernt. Aber es gibt ja noch ein Outlet. Hier steigen wir gar nicht erst aus. Nur einige Läden sind auf. Die anderen haben schon aufgegeben.

Also schauen wir nach einem Walmart (so eine Mischung aus C & A, Woolworth und Horten). Auf unserer Suche fahren wir durch die Vororte von Las Vegas. Hier gibt es alles: Super edle Villen und ein paar Straßen weiter Wohnwagenparks, mal mehr Mal weniger sauber. Endlich ein Walmart. Hier gibt es für $ dreizehn

Wrangler Jeans, Hannes Unterwäsche. Vorsicht der Kaufrausch ruft. Aber irgendwie haben wir bei unserer Suche die Orientierung verloren. Wo ist die Autobahn nach Mesquite? Wir halten an einem Gartenzaun. Ein Business-Typ im Anzug und ein hübscher Junge im Freizeit-Look wechseln ihr Thema und diskutieren nun, wie wir am besten den täglichen Stau umfahren und zur Autobahn kommen. Der Golden Retriever hat seine eigene Meinung dazu und bellt sie uns entgegen. Aber die Erklärung ist so super, dass wir ganz schnell herausfinden aus Las Vegas.

Heute Abend versuchen wir unser Glück in unserem Hotel in Mesquite. Eine steinalte Lady, mit einer Herzlungenmaschine, die sie gemächlich hinter sich herrollt, begegnet uns. Überhaupt senken wir den Altersdurchschnitt äußerst erheblich. Die Croupier Dame unterhält sich nett mit uns. Sie kommt aus Kanada und Steffen gewinnt beim Black Jack $ zweiundzwanzig. Die liebe Dame muss gehen. Es kommt ein hübscher farbiger Croupier. Ob Steffen weiterspielen soll? Ja. Schade, die falsche Entscheidung.

Heute ist unsere Zeit in Mesquite vorbei und es geht zum letzten großen Aufbruch nach Las Vegas. Erst mal zum Flughafen. Unsere Flüge müssen rückbestätigt werden. Vom Parkplatz aus, hat man einen ganz tollten Ausblick auf die Hotelburgen, die sich alle zusammen, Las Vegas nennen. Die Sphinx vor dem Hotel Luxor ist zum Greifen nah. Unser inneramerikanischer Flug ist sofort ok, aber den Flug von Minneapolis nach Frankfurt kann erst vierundzwanzig Stunden vor Abflug rückbestätigt werden. Bis zum Hotel Luxor ist es vom Flughafen wirklich nicht weit. Wem es beim Einchecken zu lange dauert, der kann schon mal seine Dollarmünzen zusammensuchen und erst einmal spielen. Unser Zimmer versetzt uns in eine ganz andere Zeit. Das alte Ägypten wird hier lebendig. Möbel, Tapeten, Bilder im ägyptischen Stil atmen amerikanische Luft mitten in Las Vegas. Nebenbei gesagt, amerikanische Atmosphäre bedeutet natürlich auch, dass man hier alles aber auch alles kaufen kann. Lass dich photographieren wie Jeanie und Major Tom, oder werde zum Cover Girl einer Illustrierten für $ dreißig. Aber es gibt auch immer noch einiges was nichts kostet. Zum Beispiel vor dem Hotel Bellagio (ein Stück Italien mitten in der Wüste) findet alle halbe Stunde eine Wasser-Fontänenshow statt. Wasserstrahlen tanzen zu Walzerklängen oder die Piratenshow vor dem Treasure Island oder im Caesars Palace wird in einer Show die Geschichte erzählt, wie Gottvater Zeus sich mit seinen Kindern (Feuer und Wasser) streitet.

Donnerstag, Steffen hat Kaffee aus dem Coffee-Shop geholt. Wir frühstücken auf unserem Zimmer. Die Wüstensonne scheint. Es sind cirka fünfundzwanzig Grad, also legen wir uns an den Pool. Ein wenig Wind, aber zwei Stunden Sonne am Pool und unsere Seele tankt auf. Dann brechen wir auf.

Eine Fashion Mall steht auf dem Programm. Steffen findet endlich seine Levis 501 im Angebot für $ 34,99. Hier haben wir in den Nachrichten gesehen, dass es bei Levis Probleme gibt. Es seien schon Arbeiter entlassen worden.

Die Piratenshow am Treasure Island muss ausfallen. Es ist zu windig. Schade, der simulierte Vulkanausbruch vor dem Mirage Hotel wird ebenfalls abgebrochen nach fünf Minuten. Auf unsere Show endlich haben wir uns geeinigt. Die „Michael La Rocca Show" soll es sein. Ein Entertainer, der eigene TV-Shows hat, wie wir erfahren. Nachdem wir endlich das World Trade Center gefunden haben, einen Salat und Fish & Chips in der Sports Bar hatten (im Hintergrund riesige Leinwände mit Übertragungen von Eishockey- und Basketballspielen) sind wir die einzigen, die die Show sehen wollen. Aber während die Minuten verstreichen und wir den Lift nicht aus den Augen lassen, vielleicht kommt ja doch noch einer der vielen Touristen in Las Vegas, unterhalten wir uns mit Phil. Wir halten ihn für den Platzanweiser. Er kommt aus Ohio.

Mir erscheinen die Menschen in Nevada nicht so freundlich wie in Arizona. Phil sagt, dass in Las Vegas jährlich dreißig Millionen Touristen auftauchen.

Die Freemont Road haben wir noch nicht gesehen. Das Herzstück des alten Las Vegas. Hier glitzert der Cowboy noch immer. Auf der anderen Straßenseite lächelt ein Cowgirl. Irgendetwas muss hier gleich geschehen. Menschenmassen stehen auf der Straße und warten. Cirka zehn Minuten später klatschen die Menschen auf der Straße. Das Klicken der Fotoapparate, das Summen der Kameras, ist verstummt. Die Entstehungsgeschichte der Welt haben wir als Lasershow an der Überdachung der Freemont Road gesehen. Es hat nichts gekostet. Über den Strip fahren wir zurück in unser Hotel Luxor. Es glitzert und glimmert überall um uns herum. Die Freiheitsstatue ist fast so schön wie ihr Original. Wir fahren vorbei an kitschigen Hochzeitskapellen, am Coca-Cola Museum und morgenfrüh endet der amerikanische Traum.

Wir geben unser Auto wieder ab. In den ersten Tagen hat es immer gehupt, wenn wir ausgestiegen sind. Mit einem leichten Klaps auf die Kühlerhaube sage ich „Tschüs". Sam bringt uns mit einem Minibus zum Flughafenterminal. Manitu muss gehört haben, als ich sagte, wie unfreundlich ich die Menschen in Nevada finde, denn Sam plappert unaufhörlich über die Stadt und das Leben der Menschen in Las Vegas. So versöhnt er mich und am Schluss ist die Großstadt doch nicht mehr ganz so uncharmant.

Interviews aus einer der faszinierenden Städte der Welt – New York (1996)

Hallo Axel, ich grüße Sie ganz herzlich aus New York. Es ist partly cloudy, wie man hier sagt.

Als ich gestern die U-Bahn (die heißt hier übrigens Subway) am Rockefeller Center verließ und mit jeder Treppenstufe sich die Spannung steigerte, war ich überwältigt. Lauter Hochhausriesen, wie riesige Bauklötze in unterschiedlicher Höhe, Straßenschilder Wälder, quitschegelbe Taxis....

Am Anfang war es nur ein Traum nach New York in den Big Apple, wie die New Yorker ihre Stadt nennen, zu fliegen. Doch dieser Traum wurde wahr.

Von Zwickau sind wir per Auto aufgebrochen, nach Berlin. Um von Berlin Tempelhof, einem kleinen beschaulichen Flughafen (keine langen Schlangen oder Wartezeiten) mit Sabena (die belgische Antwort auf Lufthansa) über Brüssel nach New York zu fliegen. Ein aufmerksamer Service, ein ausgezeichnetes Essen und nach sieben Stunden Flug waren wir bereits hier.

Die U-Bahn kostet einen Dollar und fünfundzwanzig Cent pro Person und mit einmal umsteigen erreichten wir unser Hotel in Manhattan nach einer Stunde und 15 Minuten. Die Alternative zur U-Bahn, ist ein Taxi. Das kostet cirka vierzig bis fünfzig US Dollar und auch nicht schneller. Wir entschieden uns für die U-Bahn, die hier genau so sicher ist, wie zum Beispiel in Berlin.

Für heute Tschüß oder Bye nach Zwickau. Ulrikes Welt für Radio XY.

Hallo Axel, ich grüße Sie ganz herzlich aus New York. Auch heute ist das Wetter partly cloudy.

Als wir gestern Abend, nach einem richtig guten Steakessen im TGI Fridays (ein amerikanisches Erlebnis-Restaurant), noch ein bisschen zurück zu unserem Hotel spazieren gehen wollten, entdeckten wir in einer Seitenstraße typische Fans. Es handelte sich um mit Fotoapparaten bewaffnete kreischende Teenies, Twen- und Omafrauen. Wir wussten dass in der Radio City Music Hall (Konzerthalle) Barry Manilow auftritt. Also warteten wir was passieren würde.

Sicherheitsbeamte, schicke schwarze große Limousinen und nach einer halben Stunde kommt er tatsächlich aus dem Starausgang. Süß hat er gelächelt und er war richtig live. Tja, das kann einem hier passieren und das erzählt man natürlich. Ein Freund von mir hat Bruce Willis bei Dreharbeiten in New York gesehen und es mir mindestens schon ... erzählt. Nun jetzt hab ich auch was zu erzählen.

Angefangen hat der Tag ganz anders. Es regnete in Strömen, aber es gibt so viele Italiener in New York, dass man mindestens so viele Cappuccinos trinken kann, wie in Venedig oder Rom.

„Labels for less" heißt der Einkaufssport der New Yorker. Unsere Tipps: SSS Sampels (Beispiel: ein Kleid von Nancy Christall zwanzig US Dollar) und weiter ging es zu SYMS am Trinity Place (Beispiel: Ein Anzug von BAGIR, israelischer Designer anstatt vierhundert US Dollar zweihundertundfünfzig US Dollar) und es gibt noch viele andere Tipps. Wem es zu anstrengend ist, den ganzen Tag quer durch Manhattan zu Fuß zu laufen, der kann auch einen Ausflug zum Woodbury Common Factory Outled buchen (Designer Läden mit reduzierten Angeboten).

Für heute Tschüß oder Bye nach Zwickau. Ulrikes Welt für Radio XY.

Hallo Axel, ich grüße Sie ganz herzlich aus New York. Es ist schon ziemlich spät. Aber ich wollte Ihnen unbedingt noch erzählen, was wir heute unternommen haben.

Wussten Sie, dass in der Welthauptstadt des Entertainments, das Nachtleben schon mit dem Feierabend beginnt?

New Yorker gehen gar nicht erst nach Hause, sondern treffen sich nach dem Bürotag in ihren Lieblingsbars auf einen frühen Drink oder zu einem frühen Abendessen im Restaurant. Gleich danach geht es in das Theater, in die Oper, ins Ballett oder ins Kino.

Und für Touristen ist das Theater noch vor der Freiheitsstatue und dem Empire State Building die Attraktion. Das Hauptinteresse konzentriert sich auf Broadway Musicals. Wussten Sie Axel, dass die berühmteste Straße New Yorks, der Broadway fast zwanzig Kilometer lang ist? Es gibt zweihunderteinundvierzig Theater. Hier ist wirklich rund um die Uhr etwas los. New Yorks Nachtleben stellt das jeder anderen Stadt in den Wolkenkratzer Schatten. Manches lässt sich schon von Zuhause reservieren: z.B. Miss Saigon, eine bittersüße Liebesgeschichte, für cirka einhundertfünfundneunzig DM oder aber Cats, die Welt der Katzen, für cirka zweihundert DM. Wer, wie wir, sich erst vor Ort nach Tagesform entscheiden möchte, kann die Theater direkt abklappern und je nach Vorstellung zwischen cirka fünfundzwanzig bis neunzig US Dollar anlegen. Oder wer sich viel Zeit nehmen möchte, reiht sich in die endlose Schlange am Times Square Ticket Schalter ein, um dann verfügbare Tickets für die Hälfte zu ergattern.

Für welches Musical hätten Sie sich entschieden, Axel? Wir haben uns für eine Musical Revue entschieden: Smokey Joes Cafe im Virgina Theatre (ein schönes altes Theater, gebaut 1925). Mit Darstellern wie Robert Neary, bekannt aus „Teen Wolf 2" und „General Hospital" und B.J. Crosby, einer Lady mit viel Ausstrahlung und einer grandiosen Stimme. Bei Liedern wie „Loving You" oder „Spanisch Harlem oder „Stand by me" komme ich ins Träumen, bei „You are the boss" musste ich lachen und bei „Neighborhood" musste ich an meine netten Nachbarn denken. Die zwei Stunden vergingen im Nu. Eigentlich könnte ich morgen gleich wieder ins Musical gehen in „The King and I": Eine Geschichte, übrigens eine wahre, über einen König in Siam und ein englisches Kindermädchen oder vielleicht in „Victor und Victoria" eine Frau, die vorgibt ein Mann zu sein, in die sich dann ein Mann verliebt und auf einmal möchte sie wieder eine Frau sein.

Aber eigentlich haben wir gar keine Zeit. Morgen steht die Harlem Gospel Tour, eine Stadtrundfahrt und oder eine Fahrt mit der Fähre auf dem Programm.

Axel, wissen Sie eigentlich, dass während der Harlem Gospel Tour auch ein Gottesdienst besucht wird?

Tschüß und Bye aus New York. Ulrikes Welt für Radio YX.

Hallo Axel, ich grüße Sie aus New York.

Heute stand bei uns Kultur auf dem Programm. Hier gibt es in New York für jeden Geschmack etwas. Auch für jemanden wie mich, der Berge lieber von unten, Museen lieber von außen und Restaurants lieber von innen betrachtet. Aber Axel würde Sie nicht auch das Museum of Modern Art interessieren? Mit acht Dollar und fünfzig Cent sind Sie dabei.

Wer als Kind Winnetou Bücher verschlungen hat und bei „der mit dem Wolf tanzt" mindestens eine Packung Taschentücher verbraucht hat, sollte unbedingt das Museum of the American Indians am Bowling Green besuchen. Bei der Gelegenheit bitte Nüsse für die niedlichen Eichhörnchen im Battery Park einpacken und ein Cheese Photo mit der Freiheitsstatue im Rücken schießen.

Das Museum enthält die weltweit größte Sammlung von Objekten aus der Lebenswelt der Nord- und Südamerikanischen Indianer: Hausgeräte, Kleidung zum Beispiel ganz niedliche Mokassins für Babies, Waffen, Masken, Schmuck und vieles mehr.

Per Computer können Sie einen Schnellkurs in Delaware Indianisch machen und das alles kostenlos. Aber eine kleine Spende sollte Ihnen dieses ungewöhnliche Erlebnis schon wert sein.

Montags haben übrigens fast alle Museen geschlossen. Und Axel, für Sie persönlich habe ich noch einen Tipp, das Museum of Television and Radio. Aber die Auswahl ist wirklich riesig. Wussten Sie, dass es mehr als achtzig Museen und sechshundert Galerien in New York gibt?

Tschüß und Bye aus New York. Ulrikes Welt für Radio YX.

Hallo Axel, ich grüße sie ganz herzlich aus New York.

Es ist wieder ziemlich spät geworden. Aber da wir morgen schon zurückfliegen ist es Zeit ein Resümee zu ziehen und mich von Ihnen aus New York zu verabschieden.

Axel wussten Sie, dass New York zu einer der wenigen Großstädte Amerikas gehört, die man am besten zu Fuß erkunden kann. Auch größere Entfernungen sind kein Problem. Wem der Rückweg von einem Abenteuer zu weit ist, steigt in die Subway oder den Bus.

So konnten wir heute die Harlem Gospel Tour machen, die Staten Island Ferry bestaunen, im Greenwich Village Flohmärkte an uns vorbeiziehen lassen, einen Blick in die St. Pauls Capel (übrigens New Yorks älteste Kirche gebaut 1766) werfen, das World Trade Center, mit vierhundertundelf Metern zählen die Zwillingstürme zu den höchsten Bauwerken der Welt, besichtigen.

Ach, was mir wirklich einfällt sind Bruchteile, Augenblicke, Bemerkungen und Gegensätze. Ein Gottesdienst in Harlem, mit Hunderten von Zuschauern, Smokey Joes Cafe: „There is a Rose in Spanish Harlem" oder das Anwesen von Madame Jumel, deren Lover sich gegenseitig erschossen. Die Säulen ihres Hauses standen lange bevor es Harlem gab. Die Brooklyn Bridge, entworfen von Johann August Rölling aus Thüringen, Greenwich Village, das Schwabing New Yorks, die Freiheitsstatue, das Wahrzeichen der Stadt, ein Geschenk der französischen Regierung, Die 5 Avenue, hier kostet eine zwei Zimmer Wohnung acht Millionen Dollar. Hier wohnen viele Stars. Bei der Hausnr. 955 blieb fast mein Herz stehen. Hier wohnt Robert Redford.

Wolkenkratzer in jeder Variation, daneben wunderschöne kleine Backsteinhäuser, gepflegte Holzhäuser. Eine Stadt voller Gegensätze. Jetzt muss ich aber aufhören und der Abschied von meinem Traum fällt mir wirklich schwer.

Zum letzten Mal also Tschüß oder Bye aus New York. Ulrikes Welt für Radio YX.

Tatinda Südafrika

Wenn ich in ein anderes Land reise, lerne ich gerne ein oder zwei Worte in der Landessprache. Ein Dankeschön oder Prost (vollkommen falsch ausgesprochen oder betont), zaubert so manches Lächeln auf das Gesicht des Gegenüber. Warum ich ausgerechnet ein Wort in der „Schona" Sprache gelernt habe? Aber ich sollte vielleicht von Anfang an erzählen.

„Südafrika, nein danke", das war meine Meinung. Wilde Tiere hatte ich schon in Kenia gesehen, von Apartheit halte ich rein gar nichts und die Kriminalität in Südafrika soll ja auch ziemlich hoch sein. Dazu noch im Winter, es ist kalt und naß und hier in Deutschland scheint die Sonne...... Aber es ist ein Traum meines Mannes Steffen und unseres Freundes Karsten. Also tue ich ihnen diesen Gefallen.

Von Zwickau aus erreichen wir Frankfurt in ca. 4 ½ Stunden. Ein Parkplatz ist schnell gefunden. Wir sind ca. 30 Minuten zu früh für unser Date mit Andreas. Ein Freund von uns, der für die nächsten beiden Wochen unser Auto betreut, so sparen wir Parkgebühren (bei 2 Wochen ca. DM 300,- nicht unerheblich). Also rauchen wir erst einmal eine Zigarette. 2 x Mal schauen wir zum Treffpunkt. Andreas ist immer noch nicht da. Jetzt wird es Zeit zum Einchecken. Aufgeregt winkt Andreas Kollegin uns zum Schalter. Andreas sei am Telefon. Nein er kann nicht kommen. Aber wir sollen den Autoschlüssel der netten jungen Dame geben, die bringe ihm dann das Auto. Karsten blickt etwas skeptisch, aber der Optimismus siegt. Alexander (so heißt das gute Stück) wird für die Rückfahrt schon wieder bereitstehen. Ob er sich in den nächsten Tagen immer noch so sicher ist?

Dann kann es ja jetzt losgehen, das Abenteuer Südafrika. Von Frankfurt aus fliegen wir in ca. 8 ½ Stunden nach Johannesburg.

Die Stewardessen kümmern sich nett und sehr freundlich. Zum Abendessen gibt es einen südafrikanischen Wein und - dem Himmel sei Dank - sogar in der Economy Class aus richtigen Gläsern. Mein Mann und ich trinken noch ein Glas. Der gastfreundliche Steward möchte uns die ganze Flasche geben. In einem Restaurant hätte ich nicht nein sagen können. Aber hier, 10 000 m über der Erde, sage ich dann doch „No Thank you so much."

Angekommen in Johannesburg geht alles ganz schnell. Innerhalb einer Stunde haben wir unseren Koffer, alle Einreiseformalitäten erledigt, den Vertrag für unseren Mietwagen unterschrieben und sitzen staunend in unserem Toyota Adventure der Firma Avis. Erstmal alle Knöpfe runterdrücken, im Auto gibt es eine Wegfahrsperre und andere technischen Raffinessen um dem netten Räuber den Tag zu vermiesen. Laut Reiseführer ist Vorsicht geboten und wir verlassen Johannesburg auf schnellstem Wege Richtung White River. Eigentlich sind wir ausgeschlafen, aber eine Tasse Kaffee wäre nicht schlecht. Zunächst sehen wir keine Autobahnraststätte. Also fahren wir einfach mal ab. Orgies klingt irgendwie niedlich. Eureika Cafe, hier halten wir jetzt mal an. Es ist so eine Art Lebensmittelgeschäft mit heißer Theke. Unser Kaffee ist groß und stark und genau das Richtige. Für meine Männer gibt es noch Sandwiches. Umgerechnet haben wir ca. DM 6,- bezahlt und werden nebenbei noch von einem Priester unterhalten. Lieb lächelt er und erzählt von Gott.

Im Radio (KFM- unser zukünftiger Lieblingssender) wird erzählt das Wahltag ist und wir sehen in einigen Orten lange Menschenschlangen. Unser Einkaufsversuch schlägt fehl. Ab mittags haben alle Geschäfte geschlossen 2 Tage – Wahlferien. Wir fahren weiter insgesamt ca. 380 km und zahlen 25 Rand (Wir rechnen 3 Rand = 1 DM) Autobahngebühren. Die Straße ist schnurrgerade und ziemlich einschläfernd. Die Landschaft zunächst karg, verbrannte Erde, dann viel Landwirtschaft (Mais,

Apfelsinenbäume). Rinder am Ende der Welt. Dann sehen wir erstaunlich große Industrieanlagen. Jetzt wird es bergiger, grüne Schluchten, wunderschön gelegene Seen mit luxuriösen Yachten und schicken Villen aber zum Teil auch erbärmliche Hütten.

Kurz hinter White River verlassen wir einen ziemlich holprigen Lehmweg und nähern uns unserer 1. Station, der „Jatinga Lodge" um ca. 14.30 Uhr. Kleine Reihenbungalows verstecken sich in einem üppigen tropischen Garten. Ein kleines Schild weist zur Rezeption, eine offene Terasse mit geschmackvollen Sofas und kleinen Tischchen. Stilvoll und doch so gemütlich sieht es aus, aber verlassen. Auf einem Sekretär liegt ein Brief: Guests Kröber-Meiner, Welcome to Jatinga Lodge. Room 8 and 9. Während wir noch ehrfürchtig um uns blicken, kommt Sydney, der Mann für alles, aus dem Garten. Herzlich willkommen. Seid Ihr gut angekommen. Ach aus Deutschland. Soll ich Euch erstmal Kaffee oder Tee kochen? Wir versinken in den schicken Sofakissen und schlürfen unseren Kaffee. Sydney lacht und sagt, Kaffee koche man sehr stark in Südafrika. Dieser sei ihm mehr als gelungen. In der Zwischenzeit begrüßt uns Jacqueline. Sie ist die Inhaberin zusammen mit Daniel, ihrem Mann. Ihn lernen wir erst später kennen. Sydney will unbedingt unsere Koffer tragen und führt uns durch den grün berauschten Garten zu unseren Bungalows: eine kleine Terrasse mit Glastisch und Rattansesseln, 1 Voraum mit geschmackvollem Sofa, Glastisch und einer Bar, 1 Ankleidezimmer mit Schminktisch, 1 großes Schlafzimmer mit Sofaecke und Fernseher, 1 Badezimmer mit Dusche und WC, 2 Waschbecken, 1 Badewanne, 1 Außendusche hinten in einem kleinen Garten mit Goldfischteich. Während wir später auf der Terrasse sitzen und der silberne Kerzenständer sanftes Licht spendet, beschließe ich schon, dass ich wieder kommen werde nach Südafrika.

Unser Abendessen für heute und morgen ist durch unsere Agentur gebucht. Wir gönnen uns heute einen Apperitiv. Vor dem offenen Kamin nehmen wir Platz. Sydney empfiehlt uns einen Chardonney und serviert ihn im Sektkühler auf einem kleinen Tisch mit bodenlanger Tischdecke. Das Kaminfeuer prasselt, während Sydney uns den ersten von sechs Gängen serviert (Lachs im Blätterteigmantel). Als das Essen fertig ist, ruft er uns in das kleine Restaurant. Kerzen auf allen Tischen leuchten nur für uns und die unzähligen Bilder von Urahnen an den Wänden. Jetzt würde ich gern ein Wort lernen. Danke, was heißt denn das auf Afrikaans. Frei nach dem Motto, jeder Farbiger spricht hier Afrikaans, so wie jeder Deutsche groß und blond und germanisch ist. Bei Gelegenheit muss ich dann doch mal meine Mutter fragen, warum ich so dunkle Haare habe. Sydney räuspert sich ein wenig, er komme doch aus Mozambik und sein Volk spricht Schona. Also lerne ich ein Wort auf Schona. Danke heißt: Tatinda.

Am nächsten Morgen werden wir um 7.00 Uhr geweckt. Wir sind im Tiefschlaf und hören das Klopfen an unserer Tür zunächst überhaupt nicht. Als es stärker hämmert, steht mein Mann im Bett. Fragend blickt er sich um, eilt durch unsere Suite zur Tür. Ganz böse habe sie erst geguckt die Negermammi und dann lächend ein Tablett mit Kaffee und Blume überreicht. Traumhaft; Kaffee im Bett. Um 8.30 Uhr brechen wir auf, aber erst nachdem die Männer richtig gefrühstückt haben. Wir fahren mit einem sauberen Auto (wenn man nicht Bescheid sagt, wird das Auto über Nacht geputzt, gegen ein Trinkgeld von DM 1,-- bis DM 3,--) ca. ½ Stunde zum Numbi Gate am Krüger National-Park. Wir bezahlen unseren Eintritt, dafür bekommen wir wertvolle Tips, u.a. dass wir nicht und unter keinen Umständen aussteigen sollen. Daran erinnern wir uns, als wir die ersten niedlichen Antilopen sehen. Wir haken alle Tiere, die uns begegnen, auf unseren Tier-Bildseiten (haben wir am Gate gekauft) ab. Zunächst kreuzen Warzenschweine unseren Weg auf der befestigten Straße. Später halten wir an, weil ein paar Affen direkt an der Straße speisen. Jetzt kommt uns ein Auto entgegen und hält. Der Fahrer kurbelt die Scheibe herunter und vier Italiener erzählen uns lachend, dass sie Elefanten getroffen haben. Mehrere. Die Straße einfach weiterfahren. Dann auf der rechten Seite. Wir fahren und fahren und gerade als ich dachte, diese Italiener, nichts als Flirten im Kopf, da tauchen die Elefanten auf. Vier oder fünf und Hunger haben die. Die Spuren deuten darauf, dass sie von links kamen und sich jetzt rechts in den Wald reinfuttern. Ein tolles Erlebnis. Aber wir wollen noch mehr Tiere sehen und beziehen Beobachtungsposten. Karsten links, der Fahrer geradeaus und ich nehme die rechte Seite. Wer zuerst ein Tier sieht bekommt einen Punkt. Am Anfang zählen wir noch. Aber als Steffen auf einer unbefestigten Straße plötzlich abbremst, glauben wir es erst gar nicht. Vor uns steht eine majestätische Giraffe. Sie blickt uns vorsichtig und ein bisschen verärgert an. Keine Gefahr, also darf ihr Baby auch kommen. Ich lehne mich weit aus dem Fenster. Beide kommen auf mich zu. Aber mein schlichtes Parfüm scheint ihnen nicht so zu gefallen, wie die leckeren Bäume auf der rechten Seite. Noch eine Giraffe (Papa?) kommt hinterher. Jetzt kommen auch noch Zebras, erst eins und dann noch eins und noch ... jetzt sind es schon fünf. Friedlich nebeneinander und so hungrig. Wir fahren weiter und halten an einer Wasserstelle an. Im Radio singt Barbara Streisand und auf der anderen Seite der Wasserstelle staaken Wasserbüffel lustlos umher. Hier möchte ich die Zeit anhalten. Auf einer Sandbank lauert ein Krokodil. Wir finden noch eine zweite Wasserstelle und mittendrin Mama und Kind Antilope. Unzählige Vogelarten fallen uns auf. Ein kleiner blauer Neugieriger steht neben unserem Auto und beguckt und besingt uns. Etwas aufdringlich, am liebsten käme er noch näher, aber wir fahren weiter. Um ½ Sechs wird es hier dunkel. Also heißt es beeilen, der Park ist etwa so groß wie Belgien und hat ca 700 km Asphaltstraße und über 1000 km Schotterstraße und eine Geschwindigkeitsbegrenzung von 40 – 50 km/h. Eine Kaffeepause an einer eingezäunten Raststelle – einem der wenigen Orte, wo man aussteigen darf - fällt kurz aus. Wir beobachten 2 ältere Paare. Sie haben alles dabei, Teller, Tassen werden ausgepackt. An einer Spüle wird erst einmal alles abgewaschen. Auf einer Sandbank im Fluss räkelt sich ein unbeeindrucktes Krokodil in der warmen Sonne. Wir sind jetzt etwa 80 Kilometer im Krüger-Nationalpark über befestigte und unbefestigte Straße gefahren und der halbe Tag ist rum. Einen Stop machen wir noch im Camp Skukuza im Park. Hier gibt es Rundalows, für Gäste, die direkt im Park wohnen möchten und einen Supermarkt (wir erstehen Coca Cola, Coca Cola light und Wiener Würstchen). Gern würde ich mir die Holzgiraffe im Souvenirladen kaufen. Aber die Preise sind für reiche Touristinnen gemacht. Also verlassen den Park durch das Krügertor. Nach ein paar Kilometern sehen wir Straßenstände. Holztiere, große, kleine, Giraffen, Nashörner, Elefanten.... Wir halten an. Eine Giraffe die mir bis zur Hüfte reicht hat es mir angetan. Der farbige Verkäufer nennt seinen Preis ca. DM 17,-. Mehr nicht. Ob ich sie kaufe oder nicht ist mein Problem. Ich will sie haben, also gibt mein Mann nach. Schließlich fahren und fliegen wir noch quer durch Südafrika. Der zurückhaltende Verkäufer übergibt mir „Leila". Leise fragt er, ob wir was zu essen haben. Unser Essensangebot ist nicht sehr umfangreich. Die Würstchen haben wir sofort gekillt, jetzt sind nur noch Chips und Marshmellows übrig. Ich gebe ihm die Chips. Während wir abfahren und winken, hat er die ersten Chips schon im Mund.

Durch Graskop (hübscher Ort mit Westernatmosphäre) fahren wir zum Pinacle Rock (alleinstehender Fels mit Blütenspitze). Es ist ein wunderschöner Blick den wir hier tanken. Auf unserem Programm stehen noch Gods Window und die Mac Mac Falls. Gottes Fenster bietet einen weiten, weiten Blick auf eine unendliche Landschaft. Bei gutem Wetter soll man hier bis Mozambik sehen. Langsam verabschiedet sich das Tageslicht als wir auf die Mac Mac Falls gucken. Zwillings-Wasserfälle stürzen sich 56 m in die Tiefe. Um 18.00 Uhr sind wir zurück in unserer Lodge und lassen uns von

Sydney verwöhnen. Er empfiehlt wieder einen richtig guten Wein und unser 6 Gang Menü ist göttlich köstlich.

Nach einem leckeren Frühstück (Omelett mit Tomaten), folgt ein rührender Abschied von Sydney, Jacqueline und Daniel. Gestern Abend vorm Kamin haben wir über Europa, Afrika, Gegensätze, Menschen, Apartheid und Dieben in Italien diskutiert. Ich weiß nicht so richtig was ich sagen soll, also brechen wir schnell auf.
In einem schicken Einkaufszentrum in Nelspurit entdecken wir „Pick and Pay". Ein riesiger gutsortierter Supermarkt (vergleichbar mit „Safeways"). Wir kaufen unser Mittagessen ein. Die Verkäuferin zieht sich Plastikhandschuhe an und packt dann das frische Hähnchen in eine Warmhaltetüte.

Wir sind unterwegs nach Swaziland. Richtung Barberton und dann erst einmal einen kleinen Pass hoch. Zum 1. Mal fehlen Straßenschilder. Also fahren wir mal rechts runter. Eine ziemlich schlechte unbefestigte Straße. Das ist doch falsch hier. Wir fahren zurück und biegen doch links ab. Hier ist die Straße auch nicht besser und weit und breit kein Schild. Am linken Straßenrand sehen wir plötzlich einen Waldarbeiter. Die andere Straße sei richtig gewesen. Na gut, wieder zurück. Irgendwie holpert unser Auto vorwärts. Noch immer keine Schilder, keine Häuser, nur Strommasten weisen auf menschliche Wesen hin, aber wo? 5 Kilometer hat der Arbeiter gesagt, die sind nun schon seit 5 Kilometern rum und unser Benzin wird immer weniger. Wir trauen unseren Augen nicht. Am rechten Straßenrand taucht eine Pritsche mit einem dösenden Einheimischen auf. Ihr seid hier richtig, noch 4 oder 5 km. Glauben können wir ihm irgendwie nicht so richtig, aber unser Benzin reicht nicht mehr für zurück. Schweigend fahren wir weiter. Ein paar Hütten schmiegen sich an einen Berg. Ein Junge läuft an der Straße. Wir kurbeln das Fenster runter. Richtig, richtig, noch 3 km. Atmen mögen wir nicht mehr. Und dann mitten im Nichts steht vor uns ein Schild: Swaziland 2 km. Irgendwie hatten alle Recht, aber Km-Angaben kann man wohl sehr unterschiedlich interpretieren.

Wir passieren den 1. Schlagbaum. Der Südafrikanische Beamte hat gute Laune, tippt auf seinem Computer herum und findet, dass mein Passbild keine Ähnlichkeit mit mir hat. Nur noch unser Autokennzeichen und wir dürfen gehen. Der Swaziland Beamte steht vor Bildern von König und Königin in traditionellen Gewändern. Auch er ist nett, trägt uns in ein großes Buch ein und stempelt Visa in unsere Pässe. Schließlich legt er uns noch ein riesiges Formular vor. Nein, wir müssen es nicht abarbeiten, nur unterschreiben. Den Rest füllt er aus. Später. Na gut.

Und endlich eine Tanksäule. Es gibt nur verbleites Benzin. Die nette Dame vom Avis Schalter hat gesagt nur Unverbleites. Die nächste Tankstelle sei in 40 km sagt die Tankwartin, aber ein paar Liter Unverbleites können nicht schaden. Sie zeigt es uns, es steht im Tankdeckel. Unserem Auto scheint es zu schmecken. Es fährt schneller. In Manzini fahren wir auf hervorragend ausgebauten Straßen. Lichthupen warnen uns vor mit Laserpistolen bewaffneten Polizisten. Hier in der Stadt gibt es schicke Geschäfte, kleine Restaurants. Von Armut spüre ich hier nichts. Außerhalb der Stadt sehen wir viele traditionelle Rundalows. Kühe überqueren hier die Straße. Viel Tierbesitz gilt als Reichtum. Langsam wird es dunkel. Wir passieren wieder zwei Grenzen. Unser Ziel heute ist das Pongola Game Reserve und die Mvubu Lodge. Gegen 17.OO Uhr entdecken wir auf der linken Straßenseite einen Ranger vor einem Tor. Laut Wegbeschreibung müßten wir noch 50 km fahren. Aber freundlich lässt uns der Ranger herein und ein anderer erklärt uns die Richtung, die auf einer unbefestigten Straße nach ca. 10 Minuten zu unserer Lodge führt. Einige Bambushütten, eine Lounge (hier gibt 24 Std. Selfservice Kaffee, Felle und Tiergeweihe an den Wänden) und ein romantischer Grillplatz verstecken sich unter riesigen Bäumen. Back to Nature.

Die Sonne ist bereits untergegangen. Wir genießen unseren Wein auf der Terrasse unserer Bambushütte. Unsere Blicke wandern zum Pongola River. Die Aussicht ist überwältigend romantisch. Lady Gail, die Inhaberin (?), kommt zu uns und sagt, das Abendessen sei bereitet und man warte schon auf uns. Tatsächlich, um ein Lagerfeuer herum sitzen ein mittelaltes deutsches Ehepaar, Gail, ein älteres südafrikanisches Paar und alle werden von einer jungen weißen Südafrikanerin dynamisch unterhalten. An zwei Grillplätzen wird reichlich und gut für uns gegrillt und gekocht. Es gibt saftige Steaks, Süßkartoffeln und leckere Salate. Wir erzählen und lassen erzählen über südafrikanische Erlebnisse bis wir müde in unsere Bambushütte fallen, die wir übrigens nicht abschließen können. Hier gibt es keine Schlüssel.

Um 5.45 Uhr werden wir geweckt. Kaffee machen wir uns in der Lobby. Um 6.30 Uhr erscheint unser Ranger Kim. Als ich ihn das 2. Mal Ken nenne, fragt mein Mann mich, warum ich denn den armen Kim immer umtaufe. Es ist noch so früh und irgendwie erinnert er mich an Barbies Mann. Die Luft ist noch sehr kühl als wir in unseren Jeep (ein richtiger Sight Wildrover 3 Etagen für uns und Ken, sorry Kim ganz allein) steigen. Berg rauf, Berg runter. Kim sucht Tiere per Fernglas. Wir sehen Vögel, Warzenschweine, Vögel, Büffel, Vögel, Dammwild, Murmeltiere.... Um ¼ nach Acht steigen wir um auf ein Boot um auf dem Pongola River zu schippern. Wir suchen Flusspferde und Krokodile. Was sieht Kim? Ein Nashorn, auf halber Höhe auf dem Berg, am rechten Flussufer. Kim sieht mich freudestrahlend an und fragt, ob wir uns das mal ansehen wollen? Toller Witz, denke ich und sage schlichtweg ja. Und Kim, er fährt ans Ufer, legt an, genauergesagt er drückt mit seinem Fuß einen Anker in die Erde. Kein Scherz. Meine Männer bewaffnen sich mit Kameras und Fotoapparaten und stiefeln los.

Ich bleibe zurück auf dem Boot. Allein. Plötzlich denke ich an all die Filme in denen blutrünstige Krokodile ihr Maul weit aufreißen und nach Menschenarmen und -beinen schnappen. Um mich herum ist es sehr ruhig, nur von Zeit zu Zeit gluckst es ganz komisch im Wasser. Ich denke nur ja nicht bewegen. Entweder der Anker löst sich oder du bekommst ein Autogramm von einem Krokodil live. Betend rauche ich vor mich hin. Die Zeit verstreicht nur ganz langsam, meine Männer kommen nicht zurück. Am Horizont taucht plötzlich ein Boot auf. Jetzt bete ich nur noch. Das Boot soll nicht näher kommen. Es hilft nicht. Das Boot kommt und legt genau neben meinem an. Freundlich spricht mich ein dicker weißer Südafrikaner an. Vor Schreck und Entsetzen fällt mir kein einziges englisches Wort ein. Irgendwie erzähle ich ihm dann doch, dass meine Männer auf dem Berg sind. Aha, er beginnt mit seiner Crew ein Frühstück am Fluss vorzubereiten. Mein Boot wackelt gefährlich, aber der Anker hält. Und endlich kommen meine Helden den Berg herunter gelaufen. Schweißgebadet. Ich werde laut. Ich habe eine Lebensgefahr überstanden ganz allein. Welche Frechheit, mich so allein der Wildnis zu überlassen und das ganze 15 Minuten. Dann lege ich mir ein Redeverbot auf. Aber nach 10 Minuten will ich dann doch wissen, wie es war mit dem Nashorn.

Also, Kim marschiert voraus den Berg hoch. Steffen und Karsten hinterher. Bald sehen sie aus ca. 15 Metern das Nashorn von hinten. Kim gibt die Kommandos von nun an nur noch in Zeichensprache. Steffen traut sich nicht zu fotografieren weil der Apparat so laut weiterdreht. Kim möchte diesen deutschen Helden ein ganz besonderes Abenteuer bieten. Er hat sie ja vorher eingewiesen: „Gibt es ein Problem, klettert auf einen Baum". Während Kim einen Stein in Richtung Nashorn wirft, erinnern sich die Jungen daran. Aber wo ist ein Baum? Böse dreht sich das Nashorn um. Ach ja, Mama und Kind Nashorn sind auch da und reagieren auch. Sie schneiden den Dreien fix den Weg ab. Für Minuten vergessen sie alles, atmen, zittern, bewegen. Auch der Herzschlag setzt kurz aus. Nach Stunden (naja es sind wohl doch nur wenige Minuten) führt Kim den Rückzug an. Die Jungs fühlen sich wie Indianer auf der Flucht und freuen sich über ihre Bundeswehr-Erfahrung.

Jetzt fahren wir aber zurück. Kim entdeckt noch eine Flußpferdfamilie. Das Wasser ist so klar, daß wir sehen können, wie fast grazil sich diese riesigen Fleischberge unter Wasser bewegen können. Laut Kim kommen sie alle 5 Minuten mit ihrem Kopf an die Wasseroberfläche um Atem zu holen. Um halb Zehn sind wir zurück in unserer Lodge. Gail serviert Brunch. Der Kaffee schmeckt phantastisch nach diesem Morgen. Dann Aufbruch nach Durban auf der Autobahn. In einem Vorort von Durban wollen wir Kaffee trinken. Wir entdecken einen langen, weißen Strand, die Sonne scheint, superschicke Villen, kein Cafe, also fahren wir weiter. Auf 4 Radarfallen fallen wir nicht herein. Unser heutiges Nachtlager, die Country Lodge, befindet sich in der Nähe von Southbroom, einem kleinen ruhigem Kurort. Um 16.30 Uhr treffen wir dort ein. Ein subtropischer Garten umschließt die Lodge. Die Zimmer sind individuell eingerichtet in kleinen Reihenbungalows. Es gibt einen Kaffee- und Teezubereiter und wir genießen einen Nachmittags-Kaffee in der Sonne auf unserer Terrasse. Dabei suchen wir uns auf der Karte unser Abendessen aus, Straußensteak.

Heute morgen frühstücken wir im Treehouse. Ein originelles rustikales Restaurant in einem Baumhaus ganz aus Holz. Um 10.15 Uhr fahren wir zurück nach Durban. Eigentlich sind wir 3 Stunden über der Anmietzeit, aber der freundliche Avis-Mitarbeiter berechnet diesen Tag nicht. Leila, unsere Giraffe passt in das obere Gepäckfach. Der Flug dauert ca. 90 Minuten nach Port Elizabeth. Nur eine halbe Stunde, nachdem die Maschine wieder den Boden berührt hat, haben wir unser neues Auto und fahren in Richtung Lake Pleasant. Durch spektakuläre Schluchten, sehen grüne Hügel, Wiesen auf denen freundliche Kühe grasen und Bergkuppen, die sich hinter Wolken verstecken. Ca. 300 km liegen hinter uns, als wir um 18.00 h eintreffen am Lake Pleasant, dem einzigen Süßwasser-See Südafrikas. An der Rezeption wird als Abendessen ein 6 Gang Menü angekündigt für ca. DM 25,-. Da wir aber auch hier die „Golden Guest´s" und damit auch die einzigen Gäste sind, können wir uns auch einzelne Gänge aus dem Menü heraussuchen und in der Bar essen. Die Atmosphäre hier versetzt uns in einen englischen Pub. Es gibt antike Möbel, urige Fotos an den Wänden und ein Klavier. Im Fernsehen wird ein Crickettspiel übertragen. Danny kümmert sich rührend um uns. Während wir einen trockenen Cap-Riesling probieren, betritt ein Mann die Bar. Er sieht aus wie Crokodile Dundy´s älterer Bruder. Ganz an das andere Ende setzt er sich, so dass ich denke, er hört mein deutsches Geplapper über seine Ähnlichkeit mit dem australischen Cowboy nicht. Aber außer uns sind ja sonst keine Gäste mehr da. Während wir diskutieren, ob ich mit zum Swartberg-Paß fahre, oder nicht, spricht Crokodile. Wenn er sich mal einschalten darf, es dauert schon eine Weile den Pass zu erfahren, aber es ist eine der schönsten Straßen Südafrikas. Aua, diese Worte spricht er im tollsten Deutsch. Mehr sagt er nicht. Am nächsten Morgen im Frühstücksraum sehen wir ihn wieder. Es ist ein gemütliches großzügiges Nichtraucher- Restaurant mit kuscheligen antiken Möbeln. Sogar das Silberbesteck kommt aus einer anderen Epoche. Wir bekommen gerade einen Aschenbecher als Crokodile das Restaurant betritt. Auch er raucht nach seinem Kaffee. Eilig hat er es. Im Herausgehen blickt er zu uns und sagt, das ist das 1. Mal seit 17 Jahren, dass in diesem Restaurant 4 Personen gleichzeitig rauchen. „Viva" und er erhebt die Faust zur Siegerpose. Weg ist er.

Um 9.15 h stehen wir an der Rezeption um ganz schnell auszuchecken. Aber Angela und Susann möchten sich mit uns unterhalten über Südafrika und Europa (Angela war schon mal in den italienischen Alpen) und, und....
Wo es denn jetzt hingeht. Als Angela hört, dass wir in Stellenbosch im River Manor übernachten werden, freut sie sich, da kennt sie

Anne, die arbeitet dort an der Rezeption. Sie würde gern ein paar Worte aufschreiben. Wir verabschieden uns herzlich und brechen nach einer halben Stunde auf in Richtung Outshorn. Um 11.00 Uhr sind wir bereits da. Eine Straußenshowfarm haben wir schnell gefunden: Den Highgate Safari Park. Alles dreht sich hier rund um den Strauß. Führungen werden angeboten, Straußenburger gibt's zu essen und im Supermarkt mehr oder minder Scheußliches, Kitschiges oder Essbares (Aschenbecher aus Straußenfuß, Straußen-Leberpastete DM 9,- , Handtaschen ca. DM 1000,-). Wir fahren zu unserem Hotel Barons Palace direkt in der Stadt. Das Haus paßt in die Atmosphäre des Ortes (Westerntouch). Im Hauptgebäude gibt es verschiedene Salons, antik, ein Restaurant mit Piano. Die Zimmer gruppieren sich um einen kleinen Pool. Die Einrichtung der Zimmer ist eher einfach (werden im Moment renoviert). Allerdings gibt es Kaffee- und Teezubereiter und ein Bügeleisen. Nach dieser kurzen Hotelbesichtigung geht es weiter nach Prince Albert über De Rust und Meiringspoort (beeindruckende Schlucht). Hier warten kilometerlange Baustellen auf uns mit bis zu 45 Minuten Wartezeit erzählt uns John. Er hat hinter uns gehalten und fragt Steffen auf Afrikaans, wie lange wir schon warten. Er kann auch Englisch und ein wenig Deutsch, einer seiner Onkel lebt in Stuttgart. Prince Albert ist tatsächlich so niedlich und sauber, wie uns alle erzählt haben. Hübsche kleine Geschäfte, Straßencafes. In einem lassen wir uns nieder. Strahlender Sonnenschein belohnt uns. Für eine große Kanne Kaffee, 2 Sandwiches und 1 Salat zahlen wir ca. DM 20,-. Derartig gestärkt fühle ich mich dem Swartberg-Paß gewachsen. Mit Hunderten von Sträflingen brauchte der Straßenbaumeister „Bain" vier Jahre für das enorme Projekt.1888 fertig gestellt, darf die Straße nicht mehr verändert werden (National Monument). Der Ausblick wird hinter jeder Kurve beeindruckender auf Berge, Felder und Wiesen. Oben auf „DIE TOP" pfeift der Wind schauerlich, obwohl die Sonne scheint. Steffen liest uns die Geschichte dieses Passes von einer Gedenktafel vor. Bloß wieder rein in das Auto und den Rückweg langsam anfahren. Die Straße schmiegt sich an den Berg. Durch Schoemannsport (kein Hafen, sondern eine Schlucht) geht es zurück nach Outshorn. Karsten hat im Reiseführer ein Internet-Cafe entdeckt. Gegen 16.30 Uhr finden wir es versteckt in einem Vorort. So eine Art Schüler-Cafe in witzigem Design eingerichtet. Wir lesen die neuesten Nachrichten in der Freien Presse und Karsten sendet ein paar Mailings an seine Freunde. Wir sollten jetzt in unser Hotel zurückfahren und uns umziehen, um im Restauranttip unseres Vistapoint Reiseführers im „The Godfather" essenzugehen. Wir nähern uns schon unserem Hotel, als wir beschließen, zu Fuß ist es uns doch zu weit. Vielleicht 1 Stunde hin und zurück. Auf dem Stadtplan sieht es gar nicht so weit aus. Zum Umziehen haben wir auch keine Lust. Es ist aber erst 18.00 Uhr, so dass wir in unserem Freizeitlook nicht auffallen dürften. Mit 2 anderen sind wir die einzigen Gäste. Die beiden anderen fallen uns zunächst nur durch ihre laute Sprache auf. Als einer der beiden auf einen Stuhl steigt um das Essen zu fotografieren, wünsche ich mir, wir hätten Englisch gesprochen und uns nicht als Deutsche geoutet. In diesem Restaurant stehen die Wünsche des Gastes im Vordergrund. Selbstverständlich bekomme ich mein Straußensteak rare, ohne was dabei, aber mit meinem heißgeliebten Senf. Der italienische Salat schmeckt gar köstlich. Die Jungs essen Springbock- und Straußensteaks mit Kartoffeln und Gemüse. Gegen sieben Uhr fahren wir durch leergefegte Straßen. Die Geschäfte schließen hier fast alle um 17.30 h.

Heute am Dienstag heißt es um 09.15 h einsteigen Richtung Stellenbosch. An der Straße entdecken wir soviele Strauße. Einige Male halten wir, um diese außergewöhnlichen Tiere und ihre Blicke mit unseren Kameras einzufangen. In Riversdale wollen wir eigentlich nur tanken. Aber direkt vor der Tankstelle befindet sich ein Wimpey. Wir setzen uns auf den Sonnenbalkon und genießen einen Mega-Kaffee.

Links am Straßenrand taucht ein Schild auf „Heidelberg". Hier biegen wir einfach ab. Auf unserer Fahrt durch diesen beschaulichen Ort finden wir 2 wunderschöne Kirchen und ein kleines altes Hotel „Heidelberg". Hier scheint die Zeit so etwa im Jahre 1930 angehalten worden zu sein. Auf unserer Weiterfahrt begleiten uns rechts stetig grüne Berge. Zwei ca. 400 Meter hohe Pässe überqueren wir. Bei strahlendem Sonnenschein treffen wir in Stellenbosch ein. Nachdem Anne uns unsere Zimmer in der 100 Jahre alten Villa River Manor gezeigt hat, serviert sie uns Kaffee am Pool. Anne empfiehlt uns auch das Weingut „Uitkyk", aber nicht ohne uns vorher eine Einladung des Inhabers „um ½ 8 erwartet er Euch auf einen Drink im Salon vorm Kamin" auszusprechen. Da das Weingut um 17.00 h schließt brechen wir schnell auf. Die Villa stammt aus dem Jahre 1788. Ein wundervoller Rosengarten empfängt uns. Ganz langsam steige ich die Treppen zur Villa hoch. Jetzt nicht in Jeans sondern in einem langen Ballkleid. In diesen Träumereien schwebe ich auch im Inneren. 3 Räume zeigen die Original-Einrichtung der ursprünglichen Besitzer. Fast scheint es, als wenn gleich Lady Jane aus irgendeiner Hintertür mit ihrem Geliebten auftaucht. Stattdessen begrüßt uns John, ein Angestellter des Weinkonzerns, dem die Villa heute gehört. Er erzählt uns, dass früher die Bäume hier im Garten niedriger waren und man sagte sich, dass jeder, der den Tafelberg vom Fenster aus sieht, reich wird. Für umgerechnet DM 2,- probieren wir 3 Weißweine und 2 Rotweine. Die Frachtkosten nach Deutschland für 6 Flaschen würden DM 100,- betragen. Wir kaufen 4 Flaschen und verpacken sie gut. Die südafrikanischen Weine haben soviel Sonne getankt, dass wir ein wenig beschwipst sind. Also erst einmal was essen. Mc Donalds Schilder kommen in Sicht. Nach den Schlemmereien der letzten Tage können wir dem Hamburgerlockruf nicht widerstehen. Dann heißt es beeilen. Duschen und umziehen. Punkt ½ 8 h betreten wir den kleinen Salon. Johannes kommt gleich, sagt Susann und serviert einen leichten Riesling. Langsam werden wir müde. Die

Unterhaltung mit Johannes über Gott, Südafrika, Europa ... baut uns aber wieder auf. Er empfiehlt uns einen Rundgang durch die Stadt zu einem Weinhaus" Wyinhus". Also spazieren wir durch das Studentenstädtchen (ca. 14 ooo Studenten), 1685 gegründet, von Simon van der Stel. Es gibt hübsche 100-150 Jahre alte kleine Häuser (alle weiß angestrichen) und denkmalgeschützt, 122 insgesamt. Überall an den kleinen Straßen stehen alte grüne Eichen. Straßencafes im amerikanischen und afrikanischen Stil links und rechts, kleine Boutiquen. Und es gibt an einigen Straßen noch die alten Bürgersteige, die sehr sehr viel höher als die Straße sind. Das „Wyinhus" ist ein Restaurant und eine Bar. Hier treffen sich Studenten, Yuppies und Leute, die gern Wein trinken. Für ca. DM 5,- dürfen wir 6 verschiedene Weine probieren. In jeder unserer Lodges gab es bisher etwas Besonderes. Im River Manor steht am Abend ein kleines Glas Rotwein auf unseren Nachtschränkchen. Lee, die Inhaberin und Frau von Johannes, verabschiedet sich persönlich von uns. Sie winkt uns nach, während wir um 09.45 h aufbrechen zu unserer letzten Etappe Kapstadt.

An einem langen Dünenstrand kurz vor Muizenberg halten wir zu einem Fotostop. Vor Kapstadt fahren wir auf der N2 vorbei an riesigen Townships. Unser Hotel erreichen wir schon um viertel vor Zwölf. Es ist tolles Wetter und wir fahren sofort zum Tafelberg. Nach soviel Natur ist Kapstadt in seiner Größe mit 4spurigen Autobahnen irritierend. Während wir zur Gondelstation fahren, beschließe ich mutig zu sein. Schließlich habe ich den Swartberg-Paß und viele kleinere Pässe überstanden, Krokodile bekämpft, da werde ich doch wohl so eine Gondel besteigen können. Ordentlich parken wir unser Auto. Beim Anblick des Berges überlege ich noch einmal wie mutig ich denn nun sein sollte. Ich verwickle meine Helden in ein Gespräch. Eine Dame in einem weißen Kostüm (woher weiß ich dass sie aus Deutschland kommt?), belauscht uns und sagt auf Deutsch, die Gondel fährt gar nicht wegen

71

Wartungsarbeiten. Ich kann es gar nicht glauben. Tatsächlich erklärt uns eine Rangerin: „Jedes Jahr im Winter schließen wir eine Woche für Wartungsarbeiten". Diese Woche haben wir also erwischt. Die Dame im weißen Kostüm hat noch ihren Mann dabei. Wir versuchen uns gegenseitig in einer kurzen Unterhaltung zu trösten. Es stellt sich heraus, die beiden haben kein Auto. Also nehmen wir sie mit zum Signal Hill. Von hier aus hat man einen faszinierenden Blick auf Kapstadt, den Tafelberg und auf Robben Island. Fast 25 Jahre seines Lebens wurde Nelson Mandela hier gefangen gehalten. Nach einigen typischen „wir waren hier" Photos mit dem Tafelberg im Hintergrund, fahren wir zur V & A Waterfront. Ein einziges Restaurant- und Einkaufsparadies am Hafen. Ein Fisch-Selfservice Restaurant lockt mit so leckerem Duft, dass wir uns direkt am Wasser hinsetzen. Unsere Reste fressen uns die Möwen aus der Hand. Die Sonne scheint und eine Hafenrundfahrt ist jetzt genau das Richtige. Fischer zeigen stolz ihren Fang. Robben klatschen Beifall. Der Blick auf den Tafelberg ist umwerfend. Während der Fahrt habe ich kaum ein Wort von Jeffs Erklärungen verstanden. Als wir aus dem Schiff aussteigen, bin ich verblüfft. Jeff hat „Tschüß" gesagt. Gern würde ich jetzt fragen, wie, warum? Aber er ist bereits verschwunden irgendwo im Hafen. Jetzt müssen wir aber endlich los in die Geschäfte. Da es viele Nobelboutiquen gibt, sind unsere Shopping Gelüste etwas gedämpft, bis wir Woolworth finden (so eine Mischung aus C & A und Whörl). Bei einem Kaffee treffen wir unser Paar aus Frankfurt an der Oder wieder. Sie wohnen im Holiday Inn. Wir bringen sie hin. Schon sind sie ausgestiegen, als wir beschließen, sie für den nächsten Tag einzuladen zu unserer Tour. Visitenkarten haben wir ausgetauscht, so kann ich die beiden von der Rezeption aus anrufen und einladen. In der Nähe unseres Hotels haben wir ein Kentucky Fried Chicken entdeckt. Da essen wir heute Abend. Wir sind die einzigen weißen Gäste. Aber beachtet werden wir nur von der aufmerksamen Bedienung. Zu Fuß laufen wir wieder zurück. Es ist ruhig und etwas dunkel auf den Straßen. Angst haben wir keine.

Heute, verkündet CNN, sollen es 27 Grad werden in Kapstadt, in Berlin nur 19 Grad. Wir glauben das, nachdem ganzen tollen Wetter, das wir bisher hatten. Der farbige Tankwart, in Wintermantel und Pudelmütze hat wohl andere Nachrichten gehört. Um 9.45 h laden wir unsere neuen Freunde aus Frankfurt/Oder am Holiday Inn ein. In St. James begegnet uns die Vergangenheit in Form von Badeumkleidekabinen (in knallrot, hellgrün, königsblau und entchengelb) am Strand. In Simon´s Town halten wir an. Direkt an der Hauptstraße stehen 21 ca. 150 Jahre alte Häuser. Es ist alles liebevoll restauriert und heute sind hier Designerläden, Schmuckgeschäfte und Cafes. Simon´s Town hat auch einen wunderschönen kleinen Yachthafen. In Boulders, einem kleinen gepflegten Vorort, stehen Straßenschilder mit Pinguinen drauf. Achtung, Warnung, Pinguine auch mal auf der Straße. Ein Parkwächter weist uns ein. Es gibt einen Weg, von dem führen Tore zum Strand. Bitte die Tiere nicht berühren. Das fällt mir schwer, sehr schwer. Die Brillenpinguine liegen direkt an den Wegen. Im Moment ist Brutzeit. Die Jungen haben ein so kuschlig aussehendes Fell in hellgrau mit weiß. Wir gehen einige der Pfade zum Strand. Pinguine watscheln über die kleinen geteerten Wege uns entgegen, kommen näher, drehen sich um. Bei schönem Wetter kann man hier mit den Pinguinen baden. Ihnen zusehen, wie sie den Strand entlang watscheln um dann ganz elegant in das Meer abzutauchen. Im Moment ist der Strand abgesperrt. Von den Lauf-Holzplanken können wir die süßen kleinen Kerle beobachten. Auf der anderen Seite erklärt ein Ranger einer Schulklasse alles über Pinguine. Und die süßen Kleinen lauschen den Geschichten über die anderen kleinen Süßen artig und gespannt.

Unser nächstes Ziel ist Cape Point. Kalt und windig ist es. Während wir beschließen CNN zu verklagen, sehen wir andere Gutgläubige in kurzen Hosen. Der Eintritt in dieses Naturschutzgebiet ist im Winter um die Hälfte reduziert (5 Rand pro Person). In der Stand-Seilbahn, die vom Parkplatz ca. 3oo m hoch zum Leuchtturm führt, sehen wir die 1. Japaner in Südafrika. Der japanische Sender hat offenbar klirrende Kälte vorher gesagt. Verwundert betrachten wir die Kamerabehängten Mumien in dicken Anoraks und langen Hosen. Die letzten steilen Stufen zum Leuchtturm müssen wir zu Fuß hoch. Ein älterer Japaner stützt sich ab und erzählt uns er, sei ja schon alt, da falle ihm das ganz schön schwer. Da wir sein Englisch nicht so gut verstehen können, hätten wir fast auf die Frage, „er sei ja schon alt?" Ja gesagt. Aber wir verstehen die Zahl 70 und das rettet uns. Lächelnd staakst er hinter uns her. Der Leuchtturm ist geschlossen. Dafür ist der Blick auf 2 Ozeane kostenlos. Wieder entstehen die „Wir waren da" Photos. Wir lassen unvorsichtigerweise den Japanern den Vortritt. Nach 10 Minuten dürfen wir endlich unsere Photos schießen. Mittlerweile ertrage ich die Kälte heldenhaft. Den Rückweg joggen wir fast den Berg hinunter. Am Parkplatz gibt es einen Souvenirladen, ein Restaurant und ein Selfservice Cafe an der Straße. Während wir uns mit Kaffee aufwärmen, fressen uns Raben Sandwichreste aus der Hand.

Am Kap der Guten Hoffnung steht auf einem Schild auf Afrikaans und Englisch hier ist es: das „Cape of good Hope." Hier pfeift eisiger Wind. Mehr als ein Erinnerungsphoto ist nicht drin. Bis auf Steffen stürzen alle ins Auto. Steffen will unbedingt die meterhohen Wellen aus der Nähe sehen. In Sun Valley stoppen wir an einem Einkaufszentrum mit „Pick and Pay". Es ist 16.00 h, Kaffeezeit. In 2 Läden probiere ich lange Hosen an. Aber irgendwie verwandle ich mich in ein Nilpferd in der einen Hose und die andere ist nun doch zu teuer. Also trinke ich ein Glas Wein (ca. DM 1,30) und so erwärmt halte ich schließlich durch. Chapmans Peak, einen Scenic Drive, haben wir uns für die Rückfahrt aufgehoben. Aber der ist gesperrt, also fahren wir auf einer „normalen Straße" nach Kapstadt zurück. Uns begegnen riesig breite Sandstrände, hübsche Küstenorte. Doch die Berge sind heute Nachmittag alle hinter Wolken verschleiert. Gegen 18.00 h sind wir am Holiday Inn zurück und verabschieden uns. Heute Abend wollen wir noch einmal die prickelnde Atmosphäre der Waterfront genießen. Die Wahl des Restaurants entwickelt sich zu einer Debatte. Die Entscheidung lautet Hard Rock Cafe. Unser Kellner ist sehr lieb. Bedauernd schaut er uns an, als wir erklären, wie toll das Essen war, aber die Portionen selbst für uns zu groß.

Heute beginnt unser letzter Tag in Südafrika. Wir lassen uns Zeit beim Frühstück. „Karli" der deutsche Kater macht es sich auf Steffens Beinen gemütlich, während Steffen sein Champignon-Omelett genießt. Vor unserem Abflug fahren wir noch einmal in die Stadt. Wir parken unser Auto auf einem bewachten Parkplatz (Parkwächter mit Schäferhund) und bummeln. Vor dem Castle of Good Hope, den aus dem Jahr 1679 stammenden ältesten Steinbau Südafrikas, spielen zwei Soldaten mit einem Papierstück Fußball. Das Schloss ist heute ein militärisches Hauptquartier mit einem Museum für Militär und Schifffahrt. Das alte viktoriansche Sandsteinrathaus überblickt majestätisch den Platz. Am Trafelquar Square verkaufen Blumenhändlerinnen farbenfrohe Blumen-Sträuße. Überall gibt es Straßenhändler, die sich auch durch Kunden nicht aus der Ruhe bringen lassen. Ein Schmuckgeschäft „Sale „ steht dran. Also hinein. Ich kaufe mir Diamant-Ohrstecker für ca DM 50,-. Die Verkäuferin gibt mir einen Prospekt mit allen Discount Schmuckstücken. Verstohlen lasse ich ihn in den nächsten Papierkorb fallen. Die anderen Artikel übersteigen mein Niveau. Prompt erwischen wir noch einen Stau auf dem Weg zum Flughafen. Wir gehen durch ein Tor zusammen mit den anderen Fliegwilligen aufs Flugfeld vorbei an einem, zwei Flugzeugen. Alle stürzen zum letzten Flugzeug, wir auch. Zur Vorsicht zeigen wir der Stewardess unseren Bordausweis. Man weiß ja nie. Auch der Lachs mindert meine Enttäuschung nicht, dass wir in Johannesburg nicht aussteigen dürfen. Zu gerne hätte ich eine Zigarette geraucht. Pünktlich erreichen wir Frankfurt.

Etwas habe ich wieder einmal gelernt. Vorurteile sollte es nicht geben.

Wenn wir etwas nicht verstehen, sollten wir es nicht beurteilen.

Tatinda Südafrika.

Von Frascati und Austern

„Ach hier was es doch ganz schön" sagt am Abfahrtstag ein junger Mann zu mir. Er hatte mich die ganze Woche gegrüßt. Jedes mal habe ich meinen Göttergatten gefragt, ob er wisse wer das ist. Ich hatte nicht den blassesten Schimmer, wer mich hier in Kalabrien grüßen sollte. Des Rätsels Lösung: Er trägt auch ein grünes Bändchen und war auf unserem separaten Anreise-Transfer dabei.

Ich habe noch nicht geantwortet aber er sieht seine Frau an und fährt fort:" Na ja, wir hatten: Eine nicht funktionierende Klimaanlage, keinen Turndown Service, keine Aufmerksamkeiten des Hauses, keine besondere Kosmetiklinie und der Fernseher funktionierte ausgerechnet nicht, als ich die Bundesliga sehen wollte, aber wir sind auch noch nicht so richtig oft verreist." Das besagte grüne Bändchen und unsere gleiche gebuchte Zimmerkategorie sollte nämlich eben diese Leistungen und einiges mehr beinhalten. Das war also das Ende unserer Kalabrien Reise.

Natürlich wollen Sie wissen, wie alles begann. Mit einem Vortrag, der in meinem Göttergatten und mir das Gefühl erweckte, da müssen wir hin. Dann begann die Suche nach Last Minute Angeboten mit Telefonaten (aber das ist eine andere Geschichte). Resultat: Hotel Calabria Garden Resort, drei Zimmerkategorien und drei All inklusive Varianten. Wir haben uns für die beste Zimmerkategorie (Pineda) und die All inklusive Kategorie „Ultra", also auch hier die umfangreichste und teuerste Kategorie entschieden. Dieser Urlaub kostete doppelt soviel wie ein Last Minute Urlaub in einem Fünf Sterne Hotel in der Türkei.

Nun könnten Sie sagen, das weiß doch jeder, dass Italien teurer ist. Wer wie wir, die ganze Bandbreite vom drei Sterne RIU Hotel bis zum Sandals Luxusresort kennt und wer auf Katalogausschreibung vertraut, dem - in diesem Falle uns - waren es die zu erwartenden italienischen Momente wert:

In Pizzo, ein kleines Städtchen, winkt mir ein mittelalter (meine Altergruppe also) singender Italiener zu.

Mein Göttergatte und ich sitzen auf der Piazza in unserem Hotel; eine Sängerin singt live zu unserem Aperitif und ein Gast (natürlich Italiener) schmettert einfach mit. An einem anderen Abend greift ein Manager zum Mikrofon und singt.

Ach und dann war da noch der Kalabresische Abend. Der war richtig toll mit Feuerwerk, einer Riesentorte, Grill-Buffet und einer echten lokalen Musikgruppe auf der Piazza.

Die Wassergymnastik Animateurin (jeden Tag leider ein anderer Animateur – dadurch kennen die Animateure die Gäste nicht und sprechen sie weder mit Namen an, noch grüßen sie die Gäste) macht die gesamte Gymnastik auf Italienisch. Wäre ja nicht ganz so schlimm, aber eine meiner deutschen Mitstreiterinnen saß im Pool und wartete auf den Aperitif. Sie hatte es so verstanden. Es war keine Einladung auf einen Cocktail, sondern eine Einladung zu den Aperitif Spielen.

Aber leider reicht mein Italienisch auch nicht immer. An einer Bar gab es frisch gepressten Orangensaft. Als ich wieder nur den gemixten Saft aus dem normalen Automaten bekommen sollte, zeigte ich auf die Maschine und mich. Der Kellner ging singend auf die riesige Saftpresse los und wollte sie mir aus der Verankerung reißen und geben. Von da an bekam ich nur noch frisch gepressten Saft.

Eine gute Überleitung zu dem schon erwähnten Frascati. In Italien habe ich in einem vier Sterne Hotel (wissen Sie was Wein in Italien kostet?) keinen gepanschten Frascati erwartet. An der Hauptbar, wo Mengen von körperbemalten unsagbar dicken Deutschen ihr Frühstücksspiegelei mit einem Bier hinunter spülen, kann ich das noch nachvollziehen, aber an den Bars für Ultra-all inklusive Gäste?

Am letzten Abend waren wir mit diesem süßen älteren Ehepaar an einer der besagten Bars verabredet. Das Paar hatte all inklusive gebucht und somit nur gelbe Bändchen. Aber es ist gang und gebe, dass die grünen Bändchen die Gelben einladen. Die Gelben müssten ja sonst bezahlen. Also können sich die grünen Bändchen ganz besonders spendabel finden. Ob das im Sinne der All Inklusive Unterteilung in drei Kategorien ist? Wie dem auch sei. Ich möchte mir ein Glas Wein holen. Es ist nach 22.00 Uhr und ich sage meinen Spruch „ No frascati prego". Die Kellnerin, Angela, sagt, es sei kein Wein mehr da. Wenn ich Wein möchte, muss ich bezahlen. Total enttäuscht kehre ich an unseren Tisch zurück.

An diesem Abend war ich fast versöhnt, hatte auch schon dieses „Ach hier ist es doch schön Feeling." Schließlich haben wir einige Dolce Vita Momente erlebt: Wir haben eine Nacht unter freiem Himmel verbracht. Warum? Weil die Klimaanlage von unseren sieben Tagen an fünf Tagen kaputt war und eines Nachts mein schweißdurchtränkter Göttergatte sich weigerte im Zimmer zu schlafen. Der Sternenhimmel war wunderschön. Aber bitte nicht nachmachen. Gefühlte alle fünfzehn Minuten hört man eine Eisenbahn und die Diskothek gibt nicht vor drei Uhr auf. Aber der Sternenhimmel war wirklich unvergesslich. Auch das Essen im Spezialitätenrestaurant werde ich nicht vergessen: Das Vier-Gänge Menü wurde uns in fünfundvierzig Minuten serviert. Danach schauten wir im Hauptrestaurant vorbei und es gab Austern und Riesengarnelen. Austern in einem Vier-Sterne Hotel: Das fand ich richtig toll! Das Essen bei unserem zweiten Besuch im Dolce Vita war unwesentlich anders, aber der Piano Spieler hat auf meinen Wunsch „As Time goes by" gespielt. Also ich war schon ganz auf der italienischen Seite, aber bei ultra all inklusive in Italien - einen Wein bezahlen?

Mein Göttergatte, heroisch wie er ist, macht nach mir noch einen Versuch. Er kommt mit einem Glas Wein mit Eis zurück und mit den Worten: "Das ist der Rest von gestern von einer Weinprobe. Leider ist der nicht mehr kalt und darum hat die Kellnerin mir Eis für Dich hinein getan. Die Alternative wäre Frascati." Weil wir uns so nett mit dem älteren Ehepaar unterhalten, bewahre ich meine Contenance, aber in Gedanken will ich jetzt nur noch nach Hause. Ich kenne ein sehr nettes Restaurant in Hannover. Es gehört Franco. Und eben dieser hat eine Affinität zu Frederico Fellini und lauter Fotos vom Dolce Vita von Fellini an den Wänden. Wenn ich dort einen Frascati bestelle, dann bekomme und bezahle ich ihn. Aber wenn Sie Franco fragen, sagt er Ihnen, dass ich nur Pinot Grigio trinke und er immer eine ehrliche Antwort auf die Frage bekommt, wie es mir geschmeckt hat.

Im Garden Resort wurde ich nicht gefragt, wie es mir schmeckt oder wie es mir gefällt. Mein Göttergatte und ich gingen zur Guest Relation, zur Rezeption und zur Reiseleitung nicht wegen Frascati und Austern, sondern hauptsächlich wegen der defekten Klimaanlage, der fehlenden Kosmetiklinie, dem fehlenden Wasserkocher, dem immer wieder kaputten und nicht Flachbildschirm Fernseher, dem nicht vorhandenen Turndown Service und den kleinen Aufmerksamkeiten des Hauses, die es nicht gab. Aber es hat niemanden so richtig interessiert und als Abhilfe bezeichne ich es nicht, wenn der Wasserkocher am fünften Tag auf einmal und ohne Kommentar auftaucht. Zu den restlichen defekten oder fehlenden „Kleinigkeiten" gab es von keiner Seite eine Entschuldigung oder wenigstens eine Stellungnahme. Unsere Reiseleitung, Gaby, der wir auch alles vortrugen, hat uns eine Mängelanzeige aufschreiben lassen und diese huldvoll entgegen genommen.

Fazit: Liebe Sabine, bitte lassen Sie sich gelegentlich den Begriff „Guest Relation" übersetzen. Es bedeutet mehr als nicht erfüllte Wünsche von Gästen (guests) in den Computer zu setzen und ein „Guten Morgen", wenn sich der Blickkontakt (Verbindung = Relation) so gar nicht vermeiden lässt. Ein „Wie geht es Ihnen heute?" sollte sogar bei nur all inklusive kostenfrei enthalten sein.

P.S. Alle Namen geändert, damit Sie, geneigter Leser, sich bitte Ihr eigenes Bild malen können von Frascati und Austern.

Es sind die kleinen Momente...

Wenn Reisebüro-Expedienten verreisen.....Da müsste doch eigentlich alles klappen. Schließlich suchen wir uns nur die besten Leistungsträger aus. Wir sitzen ja an der Quelle und wissen besser als jeder Computer oder das Internet, was gut für uns ist. Oder? Warten wir wie unsere Kunden, bis wir urlaubsreif genug sind, damit wir dann auch alle Eindrücke verkraften können? Oder sind Erwartungshaltung und Reizüberflutung für uns gestandene Reisebürofrauen Fremdwörter?

Diese Reisebürogeschichte nimmt ihren Lauf:

Ich habe über die TUI Expedientenflüge mit Hapag Lloyd nach Antalya gebucht. Am 18.04. erscheinen wir pünktlich am Check In. Mein Mann unkte schon die ganze Zeit, dass es keine Raucherplätze bei Hapag mehr gäbe. Also lautet unsere erste Frage: „Könnten wir bitte Raucherplätze bekommen?" „Könnten Sie, aber Sie fliegen mit Germania und da gibt es keine Raucherplätze." „Germania???, wir haben doch Hapag Lloyd gebucht." „ Hapag Lloyd fliegt auch. Aber die ursprünglich vorgesehene Maschine hat einen Schaden, daher wird eine kleinere Maschine eingesetzt und eine zusätzliche Maschine von Germania. Sie fliegen zehn Minuten früher."

Gut denken wir, dann kommen wir ja wahrscheinlich auch früher an.

Dann folgt die Kontrolle des Handgepäcks und auch wir werden untersucht. Irgendwie sehe ich nicht wie eine Terroristin aus. Wie sehen Terroristen aus? Wie ich? Hab ich etwa wieder mal nicht aufgepasst? Gut ich bin fünfundvierzig und Bader-Meinhoff sagt mir was, aber was? Oh Gott, dieses Flintenweib. Ich drehe mich wohl zu schnell um, sie sagt, „Halt wir sind noch nicht fertig!" und gerät an meinen Busen. Es ist fünf Uhr morgens und ich bin wütend obgleich solcher ungewünschten Streicheleinheiten.

Richtig schicke Ledersitze erwarten uns in unserer Fokker und die Beinfreiheit ist toll. Sogar der Service ist recht nett.

Wir kommen zwar nicht früher an, sondern zehn Minuten später. Aber was soll's, wir haben ja Urlaub. Mein Mann wartet auf unseren Koffer und schickt mich schon mal los unseren Transfer - Abholer zu suchen. Ein leichtes Spiel und schon bin ich raus aus dem Flughafen, werde ganz lieb begrüßt und genieße eine Zigarette.

Mein Mann kommt und kommt nicht. Endlich... ohne Koffer. Entsetzen in meinen Augen, eine Woche in einem fünf Sterne - Hotel und das ohne meine schicken Kleider. Mein Mann versucht mich zu beruhigen und sagt, unsere Koffer würden zwei Stunden später kommen mit den Koffern der anderen cirka einhundert Gäste, die auf unserer Maschine waren. Ein deutschsprachiger Türke habe das gerade übersetzt, nach dem der türkische Flughafen-Gepäckarbeiter, dies auf Türkisch den Gästen am Band mitteilte. Dass muss ich bei Gelegenheit mal meiner Oma erzählen. Die meint immer Türken müssten bei uns putzen. Nein; sie dolmetschen. Nun sage noch mal einer wir brauchen keine Gastarbeiter.

Unser Reiseleiter kann gar nicht glauben, dass der Herr am Lost & Fund Schalter keine Bescheinigungen ausstellen will. Also gehen wir mit ihm zusammen durch die Kontrolle quer durch den Flughafen um noch einmal zu hören „Ehe wir für alle Passagiere die Belege ausfüllen, ist die Maschine, die ihr Gepäck mitbringt, bereits da." Wir wollen keine zwei Stunden in der Ankunftshalle bleiben und gehen wieder raus aus dem Gebäude einen Kaffee trinken, vielleicht scheint ja wenigstens die Sonne. Tatsächlich erste Sonnenstrahlen und ein Kaffee für drei Euro. Toll nicht?

Dann gehen wir noch ein wenig spazieren. Aus den zwei Stunden werden zwei ein halb und immer wieder begegnen wir unseren Mitreisenden. Ich muss an die armen Reisebüro - Mädels denken, wo diese Mitleidensgenossen nach ihrem Urlaub bestimmt sofort auftauchen. Es ist soweit, die Condor ist gelandet mit Passagieren aus Frankfurt und Hannover und unserem Gepäck. Unser Reiseleiter konnte nicht solange warten, aber Bentour sei Dank, bringt uns ein Kollege zu einem Minibus und der Fahrer zu unserem Hotel. Während der zwanzig minütigen Fahrt passieren wir eine sehr ländliche Gegend. Kühe lauter Kühe auf den Weiden und auf der Straße. Mitten in der Wildnis taucht dann plötzlich das Minarette des Topkapi Palastes auf und gleich daneben der rote Platz.

Nein, wir sind nicht in Moskau angekommen, sondern mitten in der Türkei. Na ja, nicht ganz in der Mitte.

Diese unendliche Eingangshalle, riesige Gemälde, antike Sofas, Sessel und diese süßen Tische, Kronleuchter...Ich fange gar nicht erst an sie zu zählen. Wow, wir sind da, im World of Wonders Kremlin Palace.

An der Rezeption merken wir dann, das hier kaum Deutsch gesprochen wird. Das stört uns gar nicht. Jetzt wollen wir nur erst schnell unseren Schlüssel und dann erst mal was essen. Auf dem Weg zu unserem Zimmer verlaufen wir uns. Zwei mal haben wir schon gefragt. Sind wir vielleicht doch gestresst?

Endlich die Tür 2227. Das Zimmer ist ganz nett, aber haut uns nicht um. Einzig vielleicht die schicken Gardinen. Toll gerafft. Die Putzfrau beginnt in dieser Woche einen Kampf mit meinem Mann. Jeden Abend holt mein Mann brav die Gardine aus ihrer Brokathalterung und jeden Nachmittag versteckt die Putzfrau sie wieder in derselben.

Das Badezimmer ist bestens geeignet für ein Meter fünfzig große und schlanke Menschen. Mein Mann und ich sind weder das eine noch... Also gut zusammen wiegen wir einhundert und sechzig Kilogramm und einer von uns passt in die Dusche, während der andere am Waschbecken in den Spiegel lächeln kann.

Jetzt suchen wir das Hauptrestaurant: Ein riesiger imposanter Saal mit vielen, vielen tollen Gemälden und Kronleuchtern, hübschen Stühlen und natürlich ...Tischen. Obwohl der Saal unendlich erscheint, ist die Atmosphäre erstaunlich elegant. Und das Essen? Es wäre sehr, sehr schwer aufzuzählen, was es alles gibt. Einfacher ist es zu sagen, was wir vielleicht vermisst haben oder einfach nicht gefunden? Ich hätte gerne Lachs zum Frühstück gehabt. Aber ganz ehrlich, was ist das gegen die Momente im Hauptrestaurant, die ich nicht vergessen werde:

Also, es waren auch einige türkische Gäste im Hotel und wenn man das als emanzipierte „Westbraut" so sieht, die Mädels gehen brav hinter ihren Männern her. Das ist ansteckend. Nein wirklich! Mein Mann möchte nach dem Essen einen Kaffee. Wir sitzen zum ersten Mal auf der Terrasse und ich springe auf, sobald ich seinen Wunsch vernommen habe. Die Kaffeemaschine finde ich, aber keine Milch.... Oh je. Der New Yorker Koch, der übrigens ausgezeichnet türkisch spricht, eilt hinter seiner Theke herbei mir zu Hilfe. Und sofort wird die Milch gebracht. Zwar wollte ich nur etwas Milch für den Kaffe und bekam ein großes Glas, aber egal.

Jeden Morgen stelle ich mich brav an um mein frisch zubereitetes Omelett in Empfang zu nehmen. In Russland scheint man das System, des Schlangestehens in den letzten Jahren sehr schnell vergessen zu haben. Eine Spätblondine im Magoon-TShirt in Größe achtunddreißig (zweiundvierzig hätte ihre kleinen Speckröllchen besser versteckt) drängt mich schon zum zweiten Mal ab und als wenn das nicht schon an meinen Urlaubsnerven kratzen würde, kratzt sich auch noch der Kellner an einer Stelle, die ich sogar meinem Mann nur unter Errötung meines sonnengetränkten Hauptes erzähle.

Und da war da noch der eine oder andere wirklich bemühte und liebe Kellner, der am frühen Morgen oder am späten Abend meinen Stuhl für mich zu Recht schob. Aber wer um alles in der Hotelwelt, hat denn diesen armen Burschen beigebracht „Enjoy your meal" zu sagen, wenn wir den Speisesaal verlassen. Wir enjoyen dann nur noch einen oder zwei Nightcups an der Bar.

Ach und fast hätte ich es vergessen. Meine Unterhaltung mit zwei türkischen Mädels. Das war echt nett, da ich außer „Täschäkürederim" kein türkisch spreche und die beiden Süßen nur türkisch sprachen. Die beiden standen bereits an zwei leeren Schalen, in denen eigentlich gegrilltes Hähnchen sein sollte. Ich komme ganz enttäuscht hinzu. Aber die eine süße erklärt mir, sie habe schon dem Kellner Bescheid gesagt. Nachschub kommt. Also warten wir zu dritt und tatsächlich es kommt ein Koch und füllt die Schalen auf. Aber es ist kein Hähnchen, sondern es sind kleine Frikadellen. Enttäuschung braucht man nicht zu übersetzen.

Sind es nicht die kleinen Momente, die man nicht vergisst, die etwas entweder schön machen oder aber uns den Tag vermiesen? Ja einen solchen Moment hatte ich am zweiten Tag. Morgens bat ich an der Rezeption, man möge unsere Minibar doch bitte mit Wein und Wasser auffüllen. (Im Internet ist es so als Serviceleistung aufgeführt, im Katalog steht nur Wasser, Bier und Softdrinks) Die Dame führt ein kurzes Telefonat und sagt zu mir nur „Yes". Ich betrachte das als ok. Hätte ich das doch nicht getan.

Nachmittags auf unserem Zimmer in der Minibar befindet sich kein Wein aber auch kein Wasser. Gut dann ruf ich mal an der Rezeption an. „Wein gibt es nicht, den müssen Sie bezahlen!" Ich konnte dann noch die Frage stellen, warum wir denn kein Wasser hätten. Dann legte die Dame ohne ein weiteres Wort auf.

„Guten Morgen, guten Abend, entschuldigen Sie bitte, gern geschehen" – ein kleines Lexikon hab ich schnell parat für diese servicedesorientierte Rezeptionistin. Aber vorsichtshalber gehen wir zu unserer Reiseleiterin „Banu". Die ist entsetzt über meine Angaben und geht sofort mit uns zur Guest Relation: Wie die Dame denn aussähe. Sorry ich habe nur telefoniert. Sie erklärt dann. Dass das mit dem Wein ein Irrtum sei und auch Banu verweist auf den Katalog. Es lässt sich nicht klären, wer mir denn am Telefon so nett und kompetent begegnet ist, aber was eine Flasche Wein kostet fünfundsiebzig Euro. Die Frage aus welchem Jahrhundert denn der Wein sei, amüsiert Banu und auch die Guest-Relation Dame. Und an der Bar ist es doch auch ganz nett, sagt Banu.

Banu will auch wissen, wie uns denn die Restaurants gefallen. Sie will es wirklich wissen, also erzählen wir: die Sushi-Bar, sie ist nur etwas für Reisliebhaber. Diejenigen, die gerne Fisch essen, was ja für Sushi-Gänger nicht ungewöhnlich ist, sollten es bleiben lassen.

Das russische Restaurant: Wer eine russische Seele hat, Wodka und Tomatensaft liebt und in russischen Träumen schwelgen möchte, während eine Musikerin die traurigsten Melodien aus ihrer Geige zaubert, bitte bitte hinein!!!

Das mexikanische Restaurant: Wenn wir gewusst hätten, dass es notwendig ist, jeden Gang zu essen, damit wir satt werden? Ach na ja, so sind wir nach dem Besuch dieses Restaurants noch in das Haupt-Restaurant gegangen.

Das italienische Restaurant: Ich erinnere mich nur noch daran, dass ich die Alternative hatte gegen Luciano Pavarotti anzuschreien oder aber meinen Ceasar´s Salat mit Majonaise und grünem Salat aus dem Winterschlaf zu erwecken.

Das türkische Restaurant: Eine Auswahl schon bei den Vorspeisen. Wofür entscheiden wir uns bloß? Aber der Kellner ist schon zur Stelle. Wir müssen uns gar nicht entscheiden, er bringt alles. Leider ist dieses Restaurant nur draußen und da das Wetter sehr schlecht war konnten wir erst am letzten Abend hier essen. So schade. Hier könnte ich jeden Abend essen.

Sind es nicht die kleinen Momente, die man nicht vergisst, die etwas schön machen: Wie ein Mann, der Bogenschießen möchte und es nicht kann? Also es war so: Am ersten Tag, war ein Schild angebracht, dass Bogenschießen auf Grund des Wetters ausfällt. Am zweiten Tag war das Wetter ganz gut, aber das Schild war immer noch da. Um 15.00 h sollte es los gehen. Mein Mann bittet den Tennis-Animateur – Herr über viele Plätze ganz nah am Bogenschießen - er möge sich doch mal erkundigen. Nach ungefähr fünfzehn Minuten erscheint der zuständige Animateur und sagt, er kann ja nichts dafür, aber das und das ist durch das Wetter kaputtgegangen und muss erst repariert werden.

Bogenschießen fällt aus. Aber so nicht mit meinem Mann. Der geht zur Guest Relation und sagt er möchte .... Die Guest Relation Dame (übrigens alle sehr nett und sehr bemüht und kompetent), „kein Problem, jeden Tag um 15.00 h". Nun kommt die Stunde meines Mannes, er erklärt ihr alles ganz genau. Sie telefoniert. Ihre Antwort „Morgen um 15.00 h haben Sie eine Reservierung". Ahnen Sie was passiert???

Der Animateur vom Bogenschießen (übrigens zweiter der türkischen Nationalmannschaft) wurde zum Freund meines Mannes und ich hatte sehr viel Zeit alleine auf meinem Liegestuhl. Da schaute übrigens auch immer mal wieder ein Animateur vorbei.

Sind es nicht die kleinen Momente, die man nicht vergisst? Einmal waren es meine blauen Augen, die einen Animateur faszinierten, einmal wurde ich gefragt, ob ich Italienerin sei (blaue Augen, dunkle Haare mit Silberfäden, aber immerhin)....

Und dann der Service an der Bar, der Tourist lernt schnell: Wenn man Cafe au lait sagt, bekommt man Kaffee und wird gefragt, ob mit Milch. Wenn man aber bei der Kaffeemaschine auf das entsprechende Schild zeigt (bitte möglichst deutliche Zeichen und das Sprechen nicht vergessen) bekommt man Cafe au lait. Aber von einem Kellner wurden wir adoptiert. Er war besonders süß, ein Lächeln sobald er meinen Mann und mich sah, null Komma nichts, steht Weißwein und Gin-Tonic auf dem Tisch und Nüsse. Wir haben die Gläser gerade zum letzten Mal zum Mund geführt, neue gefüllte Gläser und Nüsse sind da. Am letzten Abend bei der Show sind wir die einzigen Gäste, die Nüsse bekommen. Das ist etwas, was ich nicht vergessen werde.

Und dann ist da noch die Bowling - Bahn. Vor dem Urlaub hatte mein Mann gesagt, " da gehen wir mal hin." Ich konnte es kaum abwarten. Mein „Handikap" lag bei zweiundvierzig. Aber der Bowling-Beauftragte, war so nett. Er erklärte uns, man müsse am besten gleich um 10.00 Uhr für den jeweiligen Tag reservieren. Da mein Mann dann schon beim

Bogenschießen sein musste, wurde ich jeden Morgen abkommandiert und lauerte auf 10.00 Uhr. Jeden Morgen, das gleiche Ritual, Kampf in der Schlange um eine Bowling-Bahn. Mittlerweile liegt mein Handikap bei Einhundertundeins.

Und die Moral von dieser Geschichte? Es sind die kleinen Momente, die man nicht vergisst: Danke an den süßen Kellner in der Bar, Danke an Banu, Danke an die Guest Relation, Danke an den Bogenschießen - Animateur, Danke an das russische Restaurant, Danke an das türkische Restaurant, Danke an den Bowling-Beauftragten (der spricht übrigens vier Sprachen) und Danke an meinen Mann.

Es war eine schöne Woche.

Seid Ihr Deutsche, oder was?

Einmal mit der Concorde fliegen, dass wollte ich nur solange bis ich sie besichtigt hatte. Vor langer, langer Zeit habe ich mal zwei Concorde-Tickets verkauft, das Stück für siebentausend DM. Als ich dann in der Concorde stand, konnte ich mir überhaupt nicht vorstellen, wie jemand freiwillig so viel Geld ausgeben kann für soviel extrem moderne Einfachheit. Ja, ich fand sie eher zweckmäßig modern als zweckmäßig luxuriös. Zweckmäßig luxuriös, das hätte mir gefallen.

Nun denn auf in das Abenteuer: Fliegen wir doch mal in das Hotel Concorde Resort & Spa in die Türkei. Irgendwann viel später treffen wir ein nettes israelisches Ehepaar, das bringt es auf den Punkt: Lara mit seinen Themenhotels ist Klein Las Vegas in Kleinasien. Natürlich mit anderen Komponenten: Hier spricht nicht jeder Deutsch. Na ja gut, in Las Vegas spricht auch nicht jeder Deutsch. Ungelogen, wir waren da.

Wir finden es nett hier und sprechen mit den Kellnern erst einmal Englisch. Bei dieser Gelegenheit möchte ich meine Lieblingsurlaubsgeschichte erzählen. Allerdings schäme ich mich auch ein wenig. Dazu später mehr. Also wir testen das italienische Restaurant „Da Vinci". Ein sehr geschmackvolles Interieur, der Chef des Restaurants begrüßt alle Gäste persönlich und gelassen charmant. Da bisher kaum jemand Deutsch sprach, sprechen wir Englisch mit dem Kellner. Muss ja auch nicht jeder wissen, woher wir kommen. Manchmal, wenn ich wie auch hier an einem späteren Tag im Restaurant erlebe, wie ein Deutsches Paar, einen Kellner permanent und penetrant duzt, dann wäre ich alles andere gerne, nur keine Deutsche. Um auf den Restaurantbesuch zurückzukommen: Natürlich hört der Kellner uns untereinander in unserer Muttersprache sprechen und er sagt "Seid Ihr Deutsche oder was?" Ich muss so lachen, weil er sagt das so charmant und aus einem Anfang zwanzigjährigen Mund mit typischem Schwiegermutter-Lächeln klingt das so wie "Na nun versteckt hier mal nicht Eure deutsche Seele". Dieser süße Junge, der wäre was für unsere kleine Nichte. Warum ist die bloß erst fünf und warum bin ich sechsundvierzig? Also muss ich was anderes mit diesem Kellner anstellen. Was kann eine sechsundvierzig jährige Dozentin? Genau dozieren. Aber was in einem Restaurant? Sprachen. Nein im Ernst. Ich bringe im „Danke" bei in jeder Sprache, die ich kenne. Bei „Tatinda" gibt er auf. Übrigens „Tatinda" hat mir auch ein Kellner beigebracht. Es ist Schona, eine Sprache, die man unter anderem in Südafrika spricht.

Mein Göttergatte und ich genießen ein tolles Ambiente, höfliche Aufmerksamkeit (sobald mein Weinglas leer ist, wird es gefüllt) und als Wichtigstes natürlich ein phantastisches Essen. Warum ich mich nun schäme? Ich befürchte, dass ich die Geschichte an einer Stelle erzählt habe, wo man das natürlich nicht so leicht nehmen kann. Ich war der Meinung, der hübsche Junge weiß schon, zu wem er etwas sagen darf und ich fand es ja lustig. Aber mein Göttergatte hat schon Recht, wenn er sagt, „Stell Dir vor, er hätte das zu Deinem früheren Chef gesagt." Nein dieses Szenario, was zwangsläufig gefolgt wäre, möchte ich nicht erleben. Auch unser zweiter Abend im italienischen Restaurant ist essenstechnisch ein voller Erfolg. Aber unser Kellner bedient uns nicht. Beim Hinausgehen erzähle ich dem Chef des Restaurants meine Geschichte vom letzten Mal. Aber die kennt er schon. Als ich ihm noch einmal erzähle, wie lustig ich es fand, funkeln die Augen meines Göttergatten warnend in diesem „Halt bloß den Mund" Rot. Also schweige ich. Aber immer wenn ich den Kellner wieder sehe, schlägt mein Gewissen Purzelbäume.

Eigentlich gibt es das ja gar nicht: Die Deutschen, die Iraner, die Russen etc. Ich glaube, wir erinnern uns nur manchmal an unsere Erziehung. „Iss Deinen Teller auf. Bestell nie das Teuerste, wenn

Du eingeladen wirst,..." Fällt Ihnen auch so ein wundervoller Erziehungsvorschlag ein? Wenn Sie diese Frage mit einem „Ja" beantworten, dann gehören sie zu denen, deren Eltern Luftsprünge machen würden. Von denen, die jetzt „Nein" sagten - in welcher Sprache auch immer, waren einige Gäste des Hotel Concorde. Im Hauptrestaurant tauchten komplette Großfamilien auf. Jedes einzelne Familienmitglied häufte erst einmal nach Jäger- und Sammlermanie bergeweise Essen auf den jeweiligen Teller. Natürlich alle zu unterschiedlichen Zeiten. Bis dann alle, aus einem vollkommen unerfindlichen Grund, man hatte gerade mal Zeit das Essen, ein wenig zu betrachten und zu naschen, die voll beladenen Teller stehen ließen. Auf zu neuen voll beladenen Tellern. Der nächste Gang, the same procedure. Ich kann das nicht verstehen. Das Essen ist vielfältig (am Ende des Büffets, vergaß ich jedes Mal, was es am Anfang gab) und lecker. Besser ausgedrückt sehr schmackhaft zubereitet.

Da ich sehr Lösungsorientiert bin, schlage ich bei einem Gespräch mit einem sehr netten russischen Paar (er Raketeningenieur, sie Hotelfachfrau) vor: „Wir kleben an die Restauranttür ein großes Photo eines hungernden afrikanischen Kindes." Sechs Augenpaare (jawohl mein Göttergatte, dieser Verräter auch) sehen mich irritiert an. Sie fragen sich sicherlich, ob der letzte Wein, den ich getrunken habe, schlecht war.

Schlecht ist mir am nächsten Tag. „No Champagne please" sage ich beim Management-Empfang und das aus meinem Mund. Ich glaube nicht, was ich da sage. Aber es muss wohl so gewesen sein, denn ich trinke Orangensaft und plaudere mit der Geschäftsführung. Sehr sympathische Menschen. Und geduldig. Sie hören sich alle unsere Eindrücke an. Ich bin wieder mal stolz auf mein Rafael Prinzip. Nie gehört? Fragen Sie bei Gelegenheit mal meine Schüler. Die „lieben" diese Feedback Regel. Sie ist ganz einfach: Zunächst einmal schildert man negativ Empfundenes, dann alles Positive.

(Wenn mich doch nur diese leckeren Häppchen nicht so anstarren würden!) Zu Beginn des Gesprächs kommt ein Herr an unseren Tisch, fragt höflich ob wir aus Deutschland sind und stellt sich vor. Danach sagt er „Dann passt das ja". Ich schau ihn ziemlich blöd an und denke „Jetzt quatschen einen hier schon Gäste an". Er hat diesen wahnsinnig intelligenten Blick aufgefangen und fügt hinzu, „Ich arbeite hier im Hotel". Ich lächle vor mich hin und mein Göttergatte beginnt mit seinen Ausführungen über unser Bogenschiess-Problem. Auf der Homepage des Hotels steht Archery, in der Beschreibung unseres Reiseveranstalters steht Bogenschiessen und was gibt es nicht? Bogenschiessen. Mein Göttergatte hat seinen eigenen Bogen in einem sieben Kilogramm schweren Koffer angeschleppt. (Ist glatt gelogen, weil ich das Ding tragen muss. Schließlich rollt mein Gatte unseren Samsonite.) Gleich am ersten Tag haben wir Guest-Relation, Animateur und Rezeption beschäftigt. „Leider nein" lautete die Antwort. Wer uns kennt, weiß dass ein „Nein" von uns nicht so leicht hingenommen wird. Als nächstes ist der Reiseleiter dran. Der kommt auch brav am nächsten Tag und kümmert sich. Ab Mittwoch darf mein Bogenschütze im Nachbarhotel Sherwood Forest schießen. Natürlich ist das keine Profianlage, aber er kommt ganz stolz zurück. Den Kopf puterrot (es gab keinen Sonnenschutz) erzählt er, dass er am Sonntag durch das Sherwood als Robin Hood schweben würde. Die Concierge nähe schon ein grünes Wams für ihn.

Das Management kann es gar nicht glauben und verspricht eine Lösung zu finden. Am übernächsten Tag wird mein stolzer Bogenschütze von seinem Fahrer abgeholt und in das Hotel Green Palace gefahren. Dort darf er mit Personal Trainer seine Pfeile schießen und das ganz umsonst.

Wir haben mit dem Management noch einige Dinge, die uns aufgefallen sind, diskutiert wie zum Beispiel Schildern, die Kindern verbieten in den Relax-Pool zu springen. Da das Hotel erst seit vier Monaten geöffnet hat, ist man über unsere Tipps dankbar. Meines Erachtens sind im Moment das Grundproblem die Gäste. Da links und rechts vom Hotel Concorde neue Hotels entstehen (wenn man Baulärm hören will, muss man sich äußerst anstrengen), sind die Zimmerpreise noch relativ niedrig. So dass sich zum Teil Gäste in das fünf Sterne Hotel verlaufen, die man sonst in dieser Kategorie nicht antrifft.

Trinkgeld ist etwas, was ich selbst gern bekomme. Ich liebe Geschenke. In den dreißig Jahren in denen ich jetzt arbeite, habe ich einige schöne Geschenke bekommen. Mein nettestes Geschenk als Dozentin: ein Stock und als Reiseverkehrskauffrau: einen kleinen Holzvogel, der die jeweilige Stimmung preisgibt. Trinkgeld ist aber auch etwas, was ich selber gerne gebe. Im Hotel Concorde gibt es bewusst nur Tipp-Geldboxen im Hauptrestaurant.

Das Hotel hat zwei Bowlingbahnen. Unsere ist immer bereit, wenn wir uns angemeldet haben. An manchen Tagen bowlen wir sogar zwei Mal. Jedes Mal bitte ich um ein Wasser. Er ist ein kleiner Kellner, der bei jedem "Thank you" dankbar lächelt. Einmal bitte ich ihn für meinen Mann zu Bowlen, er freut sich wie verrückt. Ab dem zweiten Tag gibt er mir sofort zwei Flaschen Wasser. „Ach diese beiden netten Bescheidenen sind so ernsthaft bei der Sache." Ich schwöre, dass hat er auf türkisch gedacht. Und ich finde, er sollte Trinkgeld bekommen. Mein Göttergatte formuliert es so, „Für eine gut erbrachte Leistung, gebe ich gerne Trinkgeld". Gesagt, getan und er lächelt. Aber er war nicht so zuvorkommend, weil er es erwartet hat, diese blitzenden Augen und die Freundlichkeit sind Nettigkeit und der Spaß am Umgang mit netten Menschen. Betonung liegt hier auf nett. Ja wir können sehr nett sein, aber wenn wir unzufrieden sind auch wieder nicht. Unsere Putzfrau hat immer versucht türkisch mit mir zu sprechen. Aber da mein Wortschatz aus nur zwei Wörtern besteht, verliefen die Unterhaltungen immer sehr konfus. Da wir mit der Reinigung unseres Zimmers (zu spät, mal fehlte ein Handtuch, mal Wasser in der Minibar) nicht ganz zufrieden waren, haben wir nicht wie sonst am zweiten Tag Trinkgeld gegeben. Ein böser Fehler! Wenn wir nicht so schlaue Touris wären, hätte uns etwas Entscheidendes gefehlt. Nennen wir es den Klopapier-Krieg. Echt und garantiert lustig. Da das noch anderen knauserigen Gästen passiert ist, rekapituliere ich folgendes: Kein Trinkgeld, kein Klopapier. Was zur Folge hat, dass in den vielen Restaurant-Toiletten manchmal kein Klopapier zu finden war.

Wenn Sie jetzt denken, die erzählt und erzählt. Und wie hat es ihr denn jetzt gefallen? Unterscheiden wir in Hardware (Baustil des Hotels, Einrichtungen) und Software (Personal): Die Hardware erinnert mich definitiv an die Concorde. Das Hotel Concorde strahlt für mich eine zweckmäßige luxuriöse moderne Einfachheit aus. Und wie bereits erwähnt, ist es dass, was mir im Gegensatz zu der Concorde, richtig gut gefällt.

Die Software: Ich bin mir ziemlich sicher, dass das Hotel Concorde, fast wie die richtige Concorde mit wachsender Eingespieltheit von Service und Kontrolle für ihre Urlauber an Bord (im Hotel) abhebt.

Wenn Sie jetzt keine Lust mehr haben, weiter zu lesen, verpassen Sie natürlich noch mehr Geschichten. Also entscheiden Sie selbst.

An unserem ersten Abend testen wir das „Asiana", das asiatisch chinesische Restaurant. Wirklich asiatische Atmosphäre, das Sushi himmlisch und das Wok-Essen, erste Sahne! Neben uns sitzt ein mittelaltes Paar (Wir halten sie für Russen, tatsächlich sind sie Ukrainer, wie sie uns per Handzeichen zwei Tage später im Fahrstuhl verständlich machen.) Sie betrachten ihre Essstäbchen so argwöhnisch, aber beide lächeln verzückt auf die Nachbartische. Ich versuche sie zu ermuntern (auf Englisch) sich an die Stäbchen zu trauen. Nach fünf Minuten geben sie auf und bestellen Messer und Gabel. Den ganzen Abend bewundern die beiden uns. Wir legen die Stäbchen nur für Pausen zwischen den zahlreichen Gängen zur Seite.

Die russische Seele begegnet uns auch in Gestalt einer jungen Frau. Sie stürzt eines Abends in die Bar und ruft „Management, Management". Unsere Lieblingskellnerin spricht sehr gut russisch und die junge Frau entschwindet um sich Sekunden später an das Klavier zu werfen. Sie spielt toll. Rachmaninow, toll, einfach toll. Schade, sie beginnt zu singen. Das ist aber nicht der Grund, warum die Security sie vom Klavier verjagt. Sie hetzt zu uns an die Bar, erzählt sie heißt Regina und die russische

Seele sei ja so ..... Das Klavier gehört Barbara, die spielt fast jeden Abend ab 22.00 Uhr live. Für mich spielt sie „As times go by". Ich liebe dieses Lied. Bei Gelegenheit hören sie sich bitte mal Udo Lindenbergs Version an. Sie werden hin und weg sein.

Genau das, hin und weg, war ich, als ich am letzten Tag mich für meinen alltäglichen Cappuccino (no chocolate please) an die Bar setzte. Schade mein morgen- und nachmittäglicher Lieblingskellner (schon wieder was für meine Nichte in zwanzig Jahren) ist nirgends zu sehen. Doch dann plötzlich öffnet sich die Bartür und er erscheint vornehm lächelnd mit meinem Cappuccino (natürlich ohne Schokolade). Wenn er jetzt noch sagt „Für Sie Mylady" küss ich ihn hemmungslos. Gott sei Dank bleibt mir diese Peinlichkeit erspart. Das ist es, was für mich einen Urlaub ausmacht, der Cappuccino, den ich nicht bestellt habe, das leere Weinglas, das von Zauberhand gefüllt wird, der Stuhl, der für mich zurückgeschoben wird, eine Animateurin, die auch mit mir alleine Wassergymnastik macht,.... Die meisten Menschen kennen den Preis, den sie für etwas bezahlen, aber nicht ihren Wert.

„Täschekürederim" Herzlichen Dank, Mr. Cappuccino, Mrs. Barfrau, Mrs. Wassergymnastik, Mr. Bowling, Mr. Management, Mr. Asiana, Mr. Da Vinci und an alle, die ich jetzt vergessen habe.

Auf der Suche nach dem verlorenen Paradies oder
Attila: „Ich bin ein Berliner!"

Mein Göttergatte steht an der Rezeption. Er bezahlt gerade. Erstaunt blickt er mich an. Ich komme auf ihn zugelaufen mit Tränen in den Augen. „Was ist denn passiert?" fragt er mich erschrocken. Ich antworte: „ Er hat Thank you, Lady" gesagt. Warum die Tränen wie Wolken in meinen Augen tanzen, werden Sie sich jetzt fragen.

Nun, eine Woche war ich morgens und nachmittags im Hallenbad und natürlich im Whirlpool. Meistens war „mein Kellner" da. An einem Tag fragte er mich, wie es mir geht. Lächelnd hat er Cappuccino serviert oder an einem anderen Tag uns frisch gepressten Saft gemixt (Seine Empfehlung: Orange, Apfel, Karotte – sehr lecker). Heute nun kurz vor unserer Abreise, wollte ich mich bedanken. Ich habe ihm gesagt, er sei einer der nettesten Kellner und vielen Dank. Er verbeugt sich leicht und sagt „Thank you Lady". Mit Tränen in den Augen und meinen Cowboystiefeln in der Hand laufe ich hinaus. Warum Stiefel? Man darf in das Hallenbad nicht mit Straßenschuhen. Es gibt spezielle Überzieher für die Schuhe, aber es sah ziemlich kompliziert aus diese über die Schuhe zu bekommen und das passte nicht mit meinem Abschiedsplan oder besser mit meiner Zeiteinteilung zusammen. Also Stiefel wieder an und auf zum Göttergatten, Wolken besiegen und los.

Gott sei Dank, kommt noch Mäggie zur Rezeption, die uns winkend verabschiedet. Mäggie und ihren Mann haben wir hier kennen gelernt. Er heißt wie Schuhcreme. Nein, ehrlich, hat er selbst gesagt, er heißt Erdal. Sie sind ein tolles Paar und sehr liebenswürdig. Gibt es da keinen Haken? Doch, ich musste alle Photos mit Mäggie und mir vernichten. Stellen Sie sich vor:

Twiggy an der Seite von Miss Piggy. Ist doch nicht so schlimm, wenn man aber Miss Piggy darstellt? Nun, vernichten ist sicherlich geschmackssicherer.

Das war also unser Abschied: Strahlender Sonnenschein, sechsundzwanzig Grad und Mäggie winkt uns in unserem Privattransfer hinterher. Während ich Tränen in den Augen habe hat mein Göttergatte nur Blicke für die Uhr. Wir sind ziemlich spät aufgebrochen.

Warum ich dies Mal mit dem Abschied anfange? Er war bezeichnend für diese Reise in die verloren geglaubte Hotel-Paradieswelt.

Wie alles begann? Wir waren beide total gestresst und wollten Urlaub. So viele hatten uns vom „Xanadu" vorgeschwärmt, dass wir es endlich kennen lernen wollten. Ist es wirklich so außergewöhnlich? Diese Fragen stellten wir uns immer wieder. Gleich am ersten Tag konnten wir sie beantworten. Das Hotel Xanadu sucht weltweit seinesgleichen.

Da mein Göttergatte auch dies Mal wieder seinen Bogen mitnimmt, werden wir beim Abflug wieder wie Terroristen behandelt. Ich übertreibe keinesfalls. Aber ich hasse diese übereifrigen Flughafenangestellten. Würde ein Bösewicht tatsächlich mit einem Maschinengewehrkoffer (so sieht der verpackte Bogen aus) brav und artig zum Gate marschieren? Aber dies Mal haben wir noch eine weitere Straftat begangen. Wir müssen auch die Reisetasche öffnen. Was um alles in der Welt haben wir außer dem offensichtlichen Gewehr noch versteckt? Ein Zippo. Nein, dass darf auch nicht mehr in das Handgepäck. Eine Freundin, die am Flughafen arbeitet, ist unsere Rettung. Wir lassen es bei ihr hinterlegen. Endlich am Gate: Kein Kaffee, keine Aschenbecher. Na toll! Also wieder zurück am Grenzschützer (Er hatte uns zum

Geburtstag gratuliert. Das einzige Nette bisher an diesem Morgen) und Sicherheitsbeamten vorbei ein Kaffee suchen. Nach Kaffee und Brötchen zurück durch alle Kontrollen. Siehe da, jetzt hat der Coffeeschop geöffnet. Wäre ich nicht so gestresst, dies wäre einen Lacher wert gewesen!

Auf geht es mit Sun Express, eine Tochtergesellschaft von Condor und Turkish Airlines. Ein wenig Turbulenzen (liegt nicht am Piloten - Wartung erfolgt schließlich durch unsere beste, die Lufthansa) und ein leckeres Essen, netter zuvorkommender Service in Deutsch und Türkisch und schon sind wir da. Bereits nach einer Zigarette sind auch unsere Koffer da. Und draußen? Da wartet schon unser privater Fahrer mit einem großen Schild und da steht mein Name drauf! Vorbei an den armen Normalotouris in großen Bussen, rauschen wir zu unserem Hotel. So sind wir in einer halben Stunde da.

An diesem Nachmittag erkunden wir „nur" das Hotel – vom Strand, über den Garten, das Fitnesscenter, die Shoppingarkaden, den Friseur, die Vitamin Bar, die Lobby Bar, die Pool Bar, das Hallenbad, das Bowlingcenter, den Antikpool … Es ist alles leicht zu finden und bequem zu erreichen über Treppen oder auch über gläserne Außenaufzüge. Durch Schilder schon im Aufzug finden auch Halbblinde, wie ich das richtige Ziel. Für ganz Blinde sind die Etagennummern auch in Blindenschrift aufgeführt.

In diesem Hotel können sich auch *Randgruppen* wohl fühlen:

Väter und Mütter mit Kindern jedes Alters – Für Babys gibt es sogar im Garten Wickeltische. Ein eigenes Kinderbüffet, ein richtiger Spielplatz und natürlich Kinderanimation bedeutet für gestresste Eltern Ruhephasen im Paradies.

Für *Rollstuhlfahrer* gibt es behinderten gerechte Zimmer aber auch überall in der Anlage behinderten gerechte Toiletten.

Kaffeejunkies kommen bei normalem Kaffee, Espresso, Cappuccino oder Latte Macchiato nicht zu kurz.

Und für die *Gesundheitsbewußten* Kranken gibt es neben mindestens acht verschiedenen Teesorten natürlich das Diätbüffet.

Wo wir gerade von Randgruppen sprechen, für *Golfer* aber auch *Normalos* gibt es in diesem Winter/Frühjahr jeden Tag eine Gratis Massage (Zwanzig Minuten Verwöhnprogramm).

Dann gibt es da noch eine Randgruppe, die nennt sich *Hausfrauen*. Jeden Samstag zum Friseur. Bitte schön, beim hauseigenen gleich neben dem Souvenirshop. Aber es gibt auch einen Service, den sicherlich jede Hausfrau lieben wird: Den Wäscheservice. Rufen Sie die Wäscherei bis 10.00 Uhr morgens an und am nächsten Tag erhalten Sie Ihre Wäsche (wenn Sie länger als sieben Tage bleiben) entweder auf dem Bügel oder traumhaft eingepackt einzeln in Folie zurück. So als hätten Sie Ihre Kleidungsstücke neu eingekauft. Und dieser Service ist kostenlos meine Damen. Gut dass ich nicht zur Gruppe der Hausfrauen gehöre, denn mein Göttergatte ist der Herr über die Waschmaschine.

Dann hätten wir noch die Gruppe der *Gourmets*. Zur Wahl haben die das Hauptrestaurant (Am Ende des Büffets wusste ich gerade noch welche Sorten von Fisch es gab, mehr leider nicht.), das italienische, das mexikanische, das osmanische Restaurant, das russische, das chinesische und das französische Restaurant. In jedem gibt es ein Amuse Gueule, diverse Starter, mindestens zwei Suppen, zwei Salate, diverse Hauptgänge und natürlich diversen Nachtisch. Fast hätte ich den rund um die Uhr Room Service oder den Irischen Pub (ebenfalls 24 Stunden Karte) vergessen. Wo wir gerade bei Gourmets sind; ich liebe Senf, sehr zum Bedauern meines Göttergatten. Na so ein wenig kann ich ihn ja verstehen. Es muss ihm ziemlich peinlich sein, neben seiner Göttergattin zu sitzen, die in jedem Restaurant zum Filetsteak Senf bestellt. So geschehen auch im Irischen Pub eines Nachmittages. „Mustard please". Der Kellner blickt mich fragend an. Ich versuche es auf Deutsch. Er blickt weiter fragend. Meine Versuche mit Ketchup, Majonaise, Bratwurst schlagen fehl. Er ruft den Oberkellner. Der nickt und sagt „Yes Lady" ohne mit der Wimper zu zucken. Gerettet und der türkische Senf schmeckt toll. Sollten Sie unbedingt probieren.

Vielleicht noch ein weiterer Tipp: Hinten rechts im Irischen Pub gibt es meinem Lieblingsplatz: Ein schickes bequemes Ledersofa und zwei Ledersessel. Ein idealer Platz mit Blick auf den Garten. Dazu empfehle ich, der Tageszeit entsprechend, Wasser oder Wein und ….den Lachs!!!

Wenn diese Gruppe Kenner guter Küche das Fitnesscenter und die anderen Sportmöglichkeiten des Hotels nicht nutzen, kann jeder Gourmet in einer Woche fünf bis zehn Kilogramm zunehmen.

Und eigentlich wollte ich doch auch von Attila erzählen: Wir vermuten er ist Oberkellner. Schließlich trägt er gelb und alle anderen Kellner rot. Er sieht aus, wie man sich einen Türken vorstellt: Groß, nett anzusehen, dunkelhaarig. Aber er spricht Deutsch, wie ein Hochdeutscher. Auf die Frage, wo er denn so gut deutsch gelernt habe, sagt Attila: „Ich bin ein Berliner." Er erzählt uns noch ein wenig mehr über sein Leben. Aber dieser berühmte Satz lässt mich an meinen Koffer denken. Wenn Sie noch nie in Berlin waren, sagen Ihnen diese berühmten Worte leider wahrscheinlich nichts. Sorry.

Es gab noch viele andere nette Damen und Herren, die durch ihre ausnehmende Höflichkeit (You are welcome Lady – Mein Lieblingssatz) oder ihre Art aufgefallen sind. Da war doch noch was mit Humor? Ich versuche Danke in jedem Land zu lernen in das ich reise. Während wir nun im Chinesischen Restaurant sitzen, der lächelnde Kellner mir die leckeren Scampis serviert, sage ich „Che Che". Er fragt, was das denn heiße. Ich übersetze, es heißt „Danke" auf Mandarin Chinesisch. Er lacht über das ganze Gesicht. Von nun an begrüßt er mich immer mit diesem tollen Lachen und „Che Che". Gut, dass er mich nicht gefragt hat, wie man das schreibt. Ich habe nämlich gar kein Auto. Sie kennen diesen Werbespot nicht? Gut, also dann ich habe keine Ahnung wie man das schreibt.

Die *Partygruppe* kann abends die Shows besuchen oder aber in der Disco „abhotten". Der Ausdruck ist bei Techno- Musik angebracht. Aber schließlich gehört unsere Altersgruppe nicht mehr zu dem angesprochenen Zielpublikum. Aber auch wir haben unsere Show-Erlebnisse: Das Musicalquiz: Wir kämpfen gegen einen belgischen Tisch, einen österreichischen und vereinzelte verschiedene Nationalitäten und diese „Ich trau mich nicht Typen". Also da haben wir doch eine Chance. Auf geht es! Bei Dr. Schiwago bin ich unschlagbar aber dann na ja. Mein Göttergatte ist gut dabei, aber ich…. So langsam werde ich müde. Aber dann bei den Scorpions und „Wind of Change" bin ich wieder da. Warum?

Diesen Song erkenn ich doch mit links. Schließlich hat dieses Lied neben der offiziellen auch meine Geschichte: Mein Göttergatte, der damals nur mein Götterfreund war, sah, dass ich bei einer Prüfung vollkommen überfordert war. Ich saß nur noch heulend vor meinen Landkarten: Russland wurde zu Holland und Holland zu Amerika. Also beschloss er mich zu entführen. Erst zum Essen, dann auf einen Drink und dann auf eine Autofahrt. An einem Spielplatz bat ich ihn zu stoppen. Ich liebe Kettenkarusells und Schaukeln und manchmal kenne ich keine Granzen. Also hinauf auf die Schaukel und im Radio spielt „Wind of Change". Für meinen Göttergatten hat sich die damalige Qual gelohnt. Heimlich schiebe ich ihm die drei Jettons zu. Und er gewinnt ein T-Shirt.

Der Live-Musik-Abend: Natürlich ist es etwas intimer, wenn in einem Hotel nur cirka fünfzig bis sechzig Gäste sind. Aber das hat auch etwas. Die Animateuere kennen dann die Gäste, die an den Unternehmungen teilnehmen, persönlich. Mich kennen die Wassergymnastik-Ladys (Es findet eigentlich um 11.30 Uhr und 15.30 Uhr statt. Leider hat sich außer mir niemand dafür interessiert. Ich habe es sogar mit persönlicher Softanimation bei einigen Damen versucht. Keine Chance. Und alleine, mal ehrlich, mit zwei superhübschen, supergebauten Animateurinnen. Das käme ja einem Selbstmord gleich. No Thank you, so much.) Meinen Göttergatten kennen die anderen Animateure. Schließlich trifft er sich nicht nur mit Selchuk und Iwan immer wieder beim Bogenschießen. Heute Abend setzen sich Selchuk und Iwan zu uns. Als ich von einem Sing along Abenteuer mit einem meiner Lieblingssongs „As times go by" erzähle, springt nicht etwa der mir Angetraute auf um diesen Song für mich zu wünschen. Nein, es ist Selchuk. Derselbe, der mir am letzten Tag die Hand reicht, mir einen guten Flug wünscht und sagt, er hofft mich wieder zu sehen. Und Iwan… wir beide erzählen ein wenig, während die beiden anderen Bogenschieß-Resultate diskutieren. Meine Art und überhaupt mein Englisch. Er hätte nie gedacht, dass ich eine Deutsche bin. Als er mir zum Abschied an diesem Abend einen Handkuss gibt, schwöre ich im Stillen, dass ich die ukrainische National Hymne in Englisch übersetzen werde. Und als Belohung, Iwan, beim nächsten Mal bitte bitte noch einmal einen Handkuss, Pascholska?

Es gibt noch die Gruppe der *Bowler, Hobby-Darter, Airhockey-Fans, Tischfußballer, Billarder* etc. Alles kostenlos und wartet nur

105

auf Gäste. Hier gibt es auch die Sports Bar. Geraucht werden darf hier nicht. Wenn Sie zu Hause eine DSL Leitung besitzen, richten Sie sich auf eine interessante und lange Internetbenutzung ein.

Fühlen Sie sich von diesem Mustertag angesprochen oder gehören Sie einer dieser Randgruppen an? Können Sie dann verstehen, warum ich hier vor meinem Computer sitze und mir nichts sehnlicher wünsche, als mich in eine Jeanny zu verwandeln, mit den Augen zu klimpern und schon wäre ich mit meinem Göttergatten wieder im Xanadu.

Da unsere Reservierung vom General Manager persönlich bestätigt wurde, möchten wir ihn auch treffen. Selbstverständlich klappt auch dies. Es war ein sehr nettes Gespräch. Wir treffen einen wirklich relaxten, sehr sympathischen Herrn, der uns unter anderem erklärt, warum er zum Beispiel den Wäscheservice eingeführt hat. Er berichtet von seiner Familie und den vielen Koffern und dass er es für seine Gäste leichter machen wollte. Ich erzähle von dem herrlichen Vergnügen im Hotel-Bademantel zur kostenlosen Massage und zum Hallenbad zu gehen.

Am ersten Tag stand ich im Hallenbad und sah hinaus. Herrliche Sonnenstrahlen draußen und ich dachte gerade noch wie traumhaft es wäre, jetzt hinaus zu gehen und mich auf eine Liege zu legen. Da öffnete sich plötzlich wie auf Kommando die Tür und ich konnte hinaustreten auf die Terrasse in den Sonnenschein. Er lächelt. Mein Göttergatte schweigt. Was er sonst immer sagt:" Meine Frau hat keinerlei technisches Verständnis." (Anmerkung des Göttergatten: Dort war eine Tür mit Bewegungsmelder.) Beim zweiten Cappuccino spricht mein Göttergatte die Gästestruktur an. Überall geistern die Storys herum von betrunkenen, am Büffet die Hände benutzenden, Russen. Auch er kennt solche Ghost Geschichten. Aber er lässt nichts auf seine Gäste kommen. Überall sagt er, gibt es solche und solche

Menschen. Er habe Verständnis dafür, wenn manche Gäste sich im Urlaub etwas legerer kleiden würden und er habe schon von Nationalitäten Benehmen erlebt, wo er es nie erwartet hätte. „Aber wenn etwas Schwerwiegendes auftritt, dann lösen wir dies Problem."

Das glauben wir und das ist es doch auch worum es geht. Hier zu Hause sind wir Kosmopoliten, haben nichts gegen Kopftücher, essen in russischen Restaurants, trinken Sake und spenden für Katastrophen in allen Erdteilen. Warum sollten wir dann ausgerechnet im Paradies Vorurteile haben.

Wenn ich nur einen Hauch der Sonnenstrahlen, der Höflichkeit und Freundlichkeit der vielen Kellner, Kellnerinnen und Animateure im verborgenen Paradies meines Herzens bewahren kann, dann bleibt auch dieser Winter nicht mehr so grau und so kalt.

Italien ohne Italiener?

Es ist Februar und ich liege im Bikini am Pool des Venezia Palace. Vorgestern hatten wir noch Schneetreiben in Antalya. Selbst mit Winterschuhen und dem berühmten Zwiebelsystem war mir schrecklich kalt. 1993 hat es hier das letzte Mal geschneit und ausgerechnet an meinem Geburtstag im Jahre 2008 schneit es. Aber auf dem Volksmarkt hat uns das beim Handeln sehr geholfen. Wir haben unsere Guest Relation Managerin, Sevtap, übrigens eine ganz besonders hübsche und nette junge Dame (Seltene Kombination: Ich muss die ganze Woche auf meine Männer aufpassen.), gebeten, uns einen Markt zu nennen. Sevtap haben wir schon in Deutschland kennen gelernt per E-Mail. Mein Göttergatte hatte im Sommerkatalog Bogenschießen entdeckt. Im Winterkatalog ist davon nicht die Rede. Also lieber fragen und Sevtap hatte geantwortet: „Weil wir in der Wintersaison Bogenschießen nicht anbieten ist die Anlage abgebaut. Wenn Sie Bogen und Pfeile mitbringen, dann werden wir nur für Sie die Scheibe aufbauen". Wenn wir jemals gezweifelt haben, ob wir das Hotel buchen sollten, jetzt sind wir überzeugt über soviel Zuvorkommenheit im Vorfeld. Aber die ist uns auch im Hotel aufgefallen.

Zurück zum Markt. Wir beschließen Dolmus zu fahren. Karsten, unser Freund, ist zum ersten Mal in der Türkei und kennt diese Mini-Busse, die von Einheimischen benutzt werden noch nicht. Für ungefähr einen Euro hat man je nach Fahrtroute auch jede Menge sightseeing oder das eine oder andere Tiererlebnis: wenn z.B. Hühner befördert werden.

Natürlich spricht der Fahrer kein Deutsch oder Englisch, aber wir verstehen ihn als er uns am Volksmarkt hinaus komplimentiert. Schneeregen, als wir aussteigen - im Nu sind wir durchgefroren. Aber gleich am ersten Stand bekommen wir heißen Apfeltee spendiert. Obwohl der Koch heute Morgen bei meinem Omelett nach Wahl (Käse, Tomaten und Zwiebeln) meinte, ich müsse aus Israel kommen, denn meine Omelettwünsche seinen eindeutig nicht deutsch, habe ich doch typisch deutsche Züge. Erst einmal schauen, dann kaufen. Doch gleich am ersten Stand gibt es die Louis Vitton Tasche. Achtundvierzig Euro soll sie kosten und zwei Apfel Tee später gehört sie mir für zwanzig Euro und für meinen Göttergatten kommt auch noch ein Poloshirt (der besten Qualität) für fünfzehn Euro dabei heraus. T-Shirts gibt es schon ab drei Euro. Aber die sind dann nach ein Mal waschen hinüber. Dann zeigt die Händlerin mir noch einen Jogginganzug. Special price dreißig Euro. Sie versucht mir einzureden, diese Saison trage man das so. In Wirklichkeit quetsche ich mich in XL und sehe aus wie eine verkleidete Leberwurst. Mein Bauch quillt über, aber meinen Männern sage ich, „Das spannt am Busen." Ich werde die doch nicht darauf aufmerksam machen, dass mein Bauch nicht in XL passt. Oh Gott, oh Allah. Nein, die Mädels sind hier eindeutig dünner und kleinere Füße haben die auch noch. Die Händler, die irgendetwas nicht haben, besorgen dies. An einem Stand, wo es gar keine Stiefel gibt, bietet der Verkäufer an, mir welche zu holen. Als ich meine Größe (vierzig) nenne, schaut der schon so entsetzt. Achtunddreißig beziehungsweise neununddreißig ist hier die größte Größe. Meine Männer sind glücklich: Keine Schuhe.

Wir bummeln weiter. Auf dem Wunschzettel stehen noch Jeans. Levis 501. Die gibt es auch, aber ohne Knöpfe. Die Händler weisen auf die gute Qualität hin (stimmt, aber eine 501 hat nun mal keinen Reißverschluss) und können gar nicht verstehen, warum wir unbedingt Knöpfe wollen. Wir entscheiden uns dann für eine Boss Jeans und einen Jogging Anzug für dreiundfünfzig Euro. Geld haben wir gar nicht, aber einer der Verkäufer bringt mich zu einer türkischen Tellermaschine, die spricht Englisch mit mir, wirft auf Wunsch aber Euros aus. Als ich nach einem weiteren Apfeltee dem

Verkäufer das Geld vorzähle und meine letzten Cent hervorkrame, verzichtet er auf den Rest. Süß oder?

Hier wird man übrigens überall gefragt wo man herkommt. Und irgendwie waren dann alle auch schon mal da oder haben zumindest dort Verwandte. Ich könnte hier den ganzen Tag handeln und kaufen. Aber gerade bevor ich diese schicke Cartier Uhr für fünfundzwanzig Euro kaufen kann, beschließen meine Männer jetzt ist Schluss. Sie haben einen Händler dazu gebracht, dass er ihnen sechs Paar Socken schenken wollte. Das war zuviel.

In der Apotheke gegenüber verfallen wir schon wieder dem Kaufrausch: Asperin 3 Packungen für fünf Euro und Wick Waporup und Voltaren und und. Nein, jetzt nicht mehr einkaufen, man will ja auch was von der Stadt sehen. An einer Bushaltestelle fragen wir ein fünfzehn jähriges Mädchen nach dem alten Hafen. Sie scheint zum ersten Mal ihr Schulenglisch in live anzuwenden. Als wir sie fragen, welcher Bus zum Hafen fährt, antwortet sie: "I will see" Äh? Wir rätseln. Aha, sie meint, sie will ihn uns zeigen. Ok, wir warten, es schneit, es ist eiskalt und jede Menge Busse fahren an uns vorbei. Endlich zeigt sie auf ein modernes Vehikel (mit Werbemonitoren wie in der U-Bahn in Hannover). „Zentrum, Zentrum" sagt sie dann zum Abschied. Wir sagen leise „Good bye, have a nice day."

Einiges kommt uns bekannt vor und wir gehen in Richtung Hafen. Gleitsichtgläser sind in Deutschland sehr teuer. Hier ist ein sehr netter Optiker, der uns sehr gut berät. Auf Anhieb haben wir ein sehr schönes Gestell für Steffen gefunden. Alles in allem kostet die Brille die Hälfte weniger als in Deutschland. „Linsen" sagt er „müssen im Ausland bestellt werden und daher wahrscheinlich teurer." Der Laden heißt „Kule" wirklich Kule-Optik. Als wir sagen, dass wir das noch überlegen müssen, wird er nicht aufdringlich, sondern wünscht uns einen schönen Tag.

Nach soviel Einkaufserlebnis haben wir Hunger. An einer Ampel spricht uns ein älterer Mann in Wintermantel und Pudelmütze an. Er hatte gehört, dass wir unbedingt irgendetwas Warmes essen müssen. Er bringt uns zu seinem Lieblingsrestaurant. Dort könnten wir eine schöne Platte Salat und etwas Gegrilltes für drei bis fünf Euro bekommen, verstehe ich. Steffen versteht zwanzig Euro für uns alle drei. Es ist ein einheimisches Lokal und tatsächlich kommt erst ein großes Salattablett, dann kommt noch ein großes Tablett mit gegrilltem Huhn, Gehacktem, Reis und Pommes. Total lecker. Ich bin glücklich und sage „Endlich mal keine überteuerte Touri Kneipe". Dann müssen wir gehen. Wir wollen ja noch zum Optiker und unsere Reiseleitung kommt um 16.00 Uhr. Ich gehe schnell noch auf 17. Nein, die war zwar nicht besonders einladend aber sauber.

Also beeile ich mich. An der Theke sehe ich meinen Göttergatten erblassen und höre ihn entsetzt fragen: „ Wie bitte einundsiebzig Lira, achtundvierzig Euro?" Wir handeln das Essen auf dreißig Euro herunter. An alle meine türkischen Freunde und Bekannte, die jetzt sicher entsetzt und traurig sind, das ist unsere Schuld!!! Wir hätten vorher fragen sollen.

Zurück wollten wir eigentlich mal Taxi fahren. Das kostet pro Strecke fünfzehn bis zwanzig Euro. Aber jetzt fahren wir doch wieder Dolmus. Das ist ja auch viel billiger. Aber vorher müssen wir zum Optiker zurück. Steffen will die Brille. Der Optiker kann ihn überzeugen nicht einfach seine Stärken zu nehmen, sondern sie ausmessen zu lassen. Das dürfen in der Türkei nur Augenärzte. Es muss ein Termin gemacht werden, selbstverständlich begleitet der Optiker den Kunden. Mittwoch 10.45 h soll es losgehen. Mit dem Dolmus (105) fahren wir jetzt erst einmal zurück (dauert ungefähr fünfundvierzig Minuten).

Nachdem wir so durchgefroren sind, trinken wir in der Lobby einen Cappuccino. Unsere Reiseleitung ist noch da. Sie berät gerade zwei andere Gäste, ein Ehepaar aus Offenbach. Die beiden sind recht lebenslustig und nett, so werden aus einem Cappuccino ganz schnell drei.

Wir sollten aber dann schnell noch auf unser Zimmer, weil wir ja noch in das Hallenbad wollen. Ich habe Tränen in den Augen, denn auf dem Tisch steht ein schöner Obstkorb. Mit Empfehlung des Hauses und herzlichem Glückwunsch zum Geburtstag. Als ich dann die zweite Karte von meiner jetzigen Klasse lese, ist mein Herz sehr berührt. Schnell schwimmen gehen hilft und dann ab in das Hauptrestaurant.

Wir trinken alle Weißwein. Ab dem dritten Tag wird ein Sektkühler mit einer Flasche Weißwein (nur bei uns) stehen. Das Essen ist wirklich toll. Steffen, mein Hobbykoch, hat einen sehr guten Geschmack (ständig mäkelt er an seinem eigenen Gekochten herum) hat nichts auszusetzen. Es gibt ganz ganz viele Salate, sehr hübsch angerichtet auf vielen überschaubaren Platten. Diätbuffet, Suppe, gegrilltes Huhn, Truthahn, Fisch, Gemüse auf den Punkt gegart, Nachtisch, Süßigkeiten, Käse… Es bewährt sich unser Prinzip von allem ein wenig zu probieren. Allerdings wurde ich jeden Tag schwach bei total frischem leckeren Feldsalat mit Senfsauce.

So jetzt noch ein Dijestiv in der Lobby: Venezianische Gemälde blicken uns von überall an, venezianische Lampen in Porzellanblumen versteckt spenden gedämpftes Licht, wenige Gäste haben es sich auf den venezianischen Sofas und Sesseln gemütlich gemacht. Wir drei sitzen auf unserem Sofa. Ich trinke richtig leckeren trockenen Weißwein, meine beiden Männer Raki ohne Eis. Vor uns auf dem Sofa sitzt eine Gruppe, die singt und lacht. „Die haben echt Spaß" sage ich zu meinen Männern,

"Wollen wir da mal hingehen? "Auch nach all den gemeinsamen Jahren schaut mein Göttergatte in solchen Situationen recht befremdlich. Das bringt mich allerdings nur selten von meinen Vorhaben ab. Und heute erst recht nicht. Hallo, Hallo??? Ich werde neunundvierzig, was kann mir da noch passieren? Vorsichtshalber erzähle ich erstmal nicht, dass ich Geburtstag habe, sondern bitte sie, etwas für mich zu singen. Keine Frage, sofort bieten sie mir einen Platz an. Meine Männer beobachten erstmal alles aus sicherer Entfernung. Doch diese liebenswerten, herzlichen Menschen winken sie heran. Es stellt sich heraus, dass es sich um Israelis handelt. Ein Teil kennt sich bereits, die anderen haben sich hier zum ersten Mal getroffen. Wo ich denn herkomme, fragen sie mich. Ich spreche im Urlaub kaum Deutsch. Aber ich komme aus Deutschland und hatte Angst, dass diese Menschen nicht mehr so nett sein würden. Ich hätte es verstanden. Was wir Deutschen diesem Volk angetan haben, darf keine Generation jemals vergessen und ist niemals wieder gut zu machen. Es sind auch ältere dabei, aber niemand wirklich niemand zuckt auch nur mit einem Augenwinkel. Ich bin so froh und erzähle, dass ich Geburtstag habe. Sofort singen vierzehn Israelis „Happy Birthday". Ein traumhaftes Gefühl. Als dann auch noch einer von ihnen (er ist Bürgermeister) einen Strauß Blumen aus der Vase nimmt und mir schenkt, bin ich richtig glücklich. Es wird spät heute Nacht. Wir gehen alle zusammen in die Disko. Ben David ist ein Mensch mit lachenden Augen und einem fröhlichen, freundlichen vor Lebensfreude sprühendem Gemüt. Er spricht wenig Englisch und ich kein Hebräisch. Aber wir beide unterhalten uns, tanzen und flirten ein wenig. Natürlich vorsichtig, seine Frau ist dabei und auch mein Göttergatte, der beim Tanzen seinen Bandscheibenvorfall vergisst. Die ersten gehen. Ich kann nicht anders, ich muss sie alle küssen.

Manchmal ist am nächsten Tag dann die Stimmung eine andere, aber wir sehen uns tagsüber und winken uns zu oder aber

113

unternehmen etwas. Wie zum Beispiel: Wassergymnastik. Ich wollte immer schon mal Instructor sein. Und eight und eight und eight. Die Jungs haben ganz schön geschwitzt. Henry ist einfach dazu gekommen und hat mitgemacht.

Die Abendanimation findet in der Nebensaison meistens in der Lobby statt. Auch hier und so sitzen wir wieder auf den bequemen Sofas. Heute ist Karaoke. Karsten beschließt Deutschland mit „Marmor Stein und Eisen bricht" zu vertreten. Er macht das super, alle singen mit sogar ich. Bei „Er gehört zu mir" singe ich mit, bis meine Stimme brüchig wird. Eine Animateurin fragt mich, warum ich denn nicht vorne singe. Das würde sie mich kein zweites Mal fragen, täte ich es denn dann. Bei den Israelis kann man sich nicht einigen wer singt, aber sie winken uns wieder heran und wir singen alle zusammen ein hebräisches Kirchenlied (Leider kann ich den Namen nicht schreiben ungefähr „Hevenu shalom alechim…"). Steffen hat das vorgeschlagen und alle sind begeistert. Ich habe selten so fröhliche Menschen, die sich zum Teil gar nicht kannten, gesehen. Anita erklärt es mir: „ Wir haben so viele Probleme in unserem Land, die wollen wir im Urlaub einfach mal vergessen." Bis Donnerstag bleiben sie hier und bis Donnerstag sind wir wie eine Familie. Sprache ist relativ. Einmal frage ich „When are you flying?" Ganz entsetzt kommt die Antwort „To Israel". Ich nicke artig und wünschte ich könnte hebräisch.

Auf mich wirkt die Sprache sehr schwierig, aber Michel hat mir „Toda" Danke beigebracht und tov heißt viel. Was auffällt, gerade die Frauen haben sehr viel Power. Anita, Valentina und die anderen sprechen sehr gut Englisch und übersetzen ganz viel. So lernen wir auch israelischen Humor kennen: Ein russischer Mann geht zum Zahnarzt. Ein Zahn tut ihm weh und der muss gezogen werden. Das kostet zehn Dollar. Der Mann sagt, dass er nur zwanzig 20 Dollar habe, aber der Arzt konnte nicht wechseln. Daraufhin meinte der Mann, dann solle er ihm doch zwei Zähne ziehen. Ich erspare mir jeden Kommentar an dieser Stelle.

Am ersten Tag war es kalt und ungemütliche sieben Grad. Also haben wir nur kurz unsere Rucksäcke auf die Zimmer gebracht und sind über die Rialtobrücke in das Cafe Florian gegangen. Hier warten Donauwellen und Schwarzwälder Kirschtorte und andere Naschereien auf alle Nachkatzen aller Nationalitäten. Ich frage, ob es denn auch Ayran gibt. Der nette Kellner verneint und spricht mit uns über das schlechte Wetter und ob wir zum ersten Mal in der Türkei sind. Am nächsten Mittag ist er im Hauptrestaurant und fragt mich, ob er mir einen Ayran mixen soll. Natürlich, ich liebe Ayran. Ab diesem Tag betreten wir mittags das Hauptrestaurant und er zaubert (unaufgefordert) Ayran auf unseren Tisch. Übrigens morgens und mittags fliegen Spatzen durch das Restaurant. Wir haben sie lachend beobachtet.

Für die Animation ist es im Winter sehr schwer. Kaum Gäste und die sind auch noch faul. Trotzdem haben alle Animateure immer gute Laune. Emin finde ich besonders süß. Er bringt jeden Morgen die Scheibe raus für Steffen und abends wieder rein. Morgens um zehn Uhr sind alle Animateure in der Lobby. Am besten sagt man, was man möchte, dann findet das auch mit einem Gast statt. Für Wassergymnastik brauche ich eigentlich keine Animation mehr. Aber einmal kommt Irena vorbei und gibt uns so ganz privat noch ein paar Tipps. Wenn Steffen nachmittags Bogen schießt, Karsten liest, bin ich meistens alleine im Hallenbad. Eros Ramazotti singt und ich fühle mich wie in Italien ohne Italiener. Überall singen Eros oder Adreano oder Luciano ganz stilecht. Ach ja, Bademäntel bekommen im Hotel nur VIP Gäste. Mein Göttergatte hat aber an meinem Geburtstag gefragt und wir haben zwei bekommen. Tesekkür ederim Sevtap. Morgens oder abends oder nachmittags so ab halb vier wird es etwas kühler. Aber so wie jetzt im Bademantel eingekuschelt, eine Zigarette und ein leckerer Orangensaft (nicht frisch gepresst, der kostet einen Euro), die Sonne scheint auf mich; da fühle ich mich wie in Italien ohne Italiener.

Für Hamam und Sauna ist so ein Bademantel natürlich auch schön. Aber die Massagen sind mit dreißig Minuten für fünfundvierzig Euro uns einfach zu teuer. Der Offenbacherin, hat ein Masseur gesagt, sie sei zu dick und müsse sich daher massieren lassen. Wenn das ginge, dann hätte ich mich stundenlang massieren lassen können. Schade.

Für manche Dinge, wie Friseur, haben wir manchmal keine Zeit. Außerdem geht Steffen gerne in der Türkei zum Friseur. Der Rund um Service mit Augenbrauen zupfen, Nasen- und Ohrhaaren entfernen, gefällt ihm. In Antalya gibt es viele Friseure und wahrscheinlich auch preisgünstigere. Aber in unserem Hotel gibt es Chian, genannt Jimmy. Für zehn Euro bekommt Steffen eine schicke neue Frisur. Ich frage, was denn Strähnchen kosten. Fünfundsiebzig Euro sind mir viel zu teuer und ich bitte darüber nachdenken zu dürfen. Das ist am Montag. Jimmy spricht ein britisches Englisch, dass er nur von Gästen gelernt hat. In der Nebensaison ist sehr wenig zu tun und wenn er mich sieht, erklärt er mir, was er wie machen will und fragt mich, wie lange ich denn noch nachdenken will. Er lächelt so vertrauensvoll und süß. Als ich alleine am Pool liege, fragt er mich wieder. Ich sage ihm, es ist mir einfach zu teuer. Er bietet es mir für sechzig Euro an. Wir beschließen, dass ich jetzt nur noch bis 16.00 Uhr nachdenke. Meine Idee: Ich zahle fünfzig, bei Gefallen fünfundfünfzig und wenn ich es liebe sechzig Euro. Als er die Zahl fünfzig hört, wird er ganz traurig. Bei sechzig lächelt er wieder. Vorsichtshalber zeigt Steffen ihm noch seinen Bogen und seine Pfeile. Und dann geht es los. Extra für mich holt er einen Heizlüfter. Strähnchen um Strähnchen zaubert er in rasantem Tempo in mein Haar. Friseure sind für mich wie Ärzte, man muss ihnen vertrauen. Ich sehe im Spiegel mein sonnenverbranntes Gesicht und werde langsam müde.

Es ist warm und Jimmy wuselt um mich herum. Als er dann anfängt meine Haare zu schneiden, werde ich schlagartig wach. Von einem Zentimeter war die Rede. Jimmy sieht meine erschreckten Augen und sagt: „This is stress for you". Ich sage ja und das in meinem Urlaub. Er sagt einfach: "Trust me". Ich ergebe mich. Er schneidet und föhnt und föhnt. Ich schließe die Augen. Als ich sie wieder öffne bin ich glücklich. Superdünne Strähnchen, viele, viele und ein toller Schnitt.

Meine Männer sind begeistert. Und im Fahrstuhl werde ich gleich beflirtet. Ein Mann hält mir die Tür auf. Ich sage artig „Tesekkür ederim". Was antwortet mir dieser Mann „Ich bin kein Türke, ich bin Iraner" auf Deutsch. Ich kann ein einziges persisches Wort und das wende ich jetzt an „Mercie". Der Mann ist begeistert und wird am letzten Abend Steffen gratulieren und mit uns feiern. An dieser Stelle aber ein Thank you an Jimmy. Wenn ich wieder in die Türkei fliege, werde ich Jimmy im Venezian Palace bitten, meine Haare zu machen.

Es ist der Abend vor Steffens Geburtstag und wie Emin versprochen hat, wieder Karaoke. Dies Mal hole ich Valentina und Aviad, unsere israelischen Flitterwöchner, die noch da sind, an unseren Tisch. Sie ist in Russland geboren und jetzt Jüdin. Wir fragen die beiden, was denn das im Restaurant war, das den Manager immer nervöser werden lies. Seine zuckhaften Blicke galten einer Gruppe Israelis. Männern mit weißen Taschentüchern auf dem Kopf, Frauen normal angezogen, eine Flasche Wein, einen Kelch und einen Obstteller von einem Tisch auf einen anderen tragen und dann das Restaurant verlassen. Das Sabath Fest erklären sie. Aber wir sind uns einig, dass man das ja nicht unbedingt im Restaurant tun muss. Hier gibt es ja noch andere Nationalitäten.

Ich habe Emin erzählt, dass ich so gerne singen würde, aber dass dann mein Göttergatte zu gefrorenem Ayran würde. Allerdings würde ich gerne etwas sagen, wo er doch morgen Geburtstag hat. Natürlich darf ich das, sagt er und ein Geschenk für Steffen gibt er mir auch noch. Karsten vertritt Deutschland mit „Aber bitte mit Sahne". Ein wenig später ruft der Confroncier mich nach vorne. Ich habe mir eigentlich nicht wirklich überlegt, was ich sagen will. Also bedanke ich mich zunächst beim Hotel. Als ich mich bei den unterschiedlichen Nationen bedanke, kommt ein Mann auf mich zu gelaufen und bittet mich, mich auch beim Iran zu bedanken. Natürlich tue ich das sofort. Er freut sich und alle Iraner klatschen. Jetzt möchte mich die Animation stoppen, wer weiß was sie noch erzählt? Also wird meine Liebeserklärung an Karsten und Steffen kurz. Mein letzter Satz lautet: "Steffen ich würde jetzt gerne für Dich singen (Selbst hier vorne sehe ich das entsetzte Gesicht meines Mannes.) aber ich sage es nur mit dem Text: „Er gehört zu mir". Alle vertretenen Nationen freuen sich mit uns.

Valentina und Aviad brechen zu einem Diskotheken Besuch auf. Hier ist zwar eine nette Disse im Haus und alles inklusive. Aber die beiden sind ja noch jung und auf Hochzeitsreise. Sie erzählen am nächsten Morgen, die Disse sei verraucht gewesen und ein Bier kostete zehn Lira, aber sonst sei es ganz nett. Manchmal ist Alter halt ein Segen.

Nicht unbedingt bei schlechten Augen. Aber die Jungs waren ja beim Augenarzt. Alles sauber und sehr ordentlich und der Optiker als Begleitschutz. Wäre nicht nötig gewesen, die Ärztin spricht perfekt Englisch. Lauter Ärztinnen wären dort gewesen, sagen die beiden (Hätte ich doch mitgehen sollen?) Am Samstag soll der Optiker anrufen und dann die Brille zu uns in das Hotel bringen. Wir verabreden uns beim Pförtner, weil er, ohne Gast zu sein, nicht das Hotel betreten darf. Das nennt man Security oder? Da braust auch schon ein Motorradroller heran und mein Göttergatte ruft: „Unser Optiker". Unser Optiker bringt eine schicke Tüte, schenkt Steffen ein super schickes Etui und Brillenputzmittel. Die Brille steht ihm super meinem Göttergatten. Eine „kule" Entscheidung. Das ist nicht das einzige Geschenk für Steffen.

Valentina und Aviad geben uns einen super lieben Brief mit einer Einladung nach Israel und ganz leckere Süßigkeiten. Toda tov. Ganz herzlichen Dank.

Nicht vergessen möchte ich das Geschenk von Gudrun. Die „nicht schon wieder Gudrun". Ich nenne sie so, weil sie beim Bingo alles das gewinnt, was ich gewinnen wollte: Einen Massage-Gutschein, einen Friseur Gutschein, ein Animations-T-Shirt und und. Damit ich nicht traurig bin, hat mir übrigens Emin einen Cocktail geschenkt. Beim Dart, wer gewinnt. Gudrun. „Nicht schon wieder Gudrun" begegnet uns am letzten Abend im Fahrstuhl. Ich kann nicht anders, ich muss es ihr erzählen. Wenn sie das T-Shirt findet, bringt sie es uns. Und fünf Minuten später steht sie vor der Tür mit dem Animations T-Shirt für Steffen.

Wenn ich an diesen Urlaub denke, kann ich nur sagen, Lachaim Israel, Lachhaim Deutschland, Lachaim Türkei, Lachaim Iran, Lachaim an alle anderen Gäste, Lachaim Sevtap und an alle Mitarbeiter des Hotels Venezia Palace und Güle Güle im Venezia Palace. Toda und Tesekkür ederim. Herzlichen Dank.

Türkei: Calista Luxury Resort

So lautet der Name unseres Hotels in Belek. „Calista" steht für eine griechische Schönheitsgöttin. Aber wofür steht „Luxury"? Was bedeutet Luxus für uns? Während wir unseren Flug von Hannover nach Antalya (mit Sun Express heute 3 Stunden 35 Minuten) in der Exit Roe genießen, frage ich meinen Göttergatten was Luxus für ihn bedeutet. Gute Frage! Während er kurz überlegt, kann ich erzählen warum die Notausgangs-Reihen für uns Luxus sind: Beinfreiheit ohne Ende und der zurück geklappte Sitz, des vor uns sitzenden Passagiers, versinkt nicht in unserer Marmelade. Als wir das Flugzeug betraten, haben wir allerdings Zeitschriften (Gala, Brigitte, Freundin etc.) vermisst. Es gab lediglich eine Zeitung. Nur früher haben wir es als Normalität betrachtet. Heute ist es wohl Luxus, wie heiße Handtücher, die auf Fernstrecken sogar in der Holzstuhlklasse, gereicht wurden.

Mein Göttergatte hat zu Ende überlegt. Er möchte, dass man seine Wünsche von seinen Augen abliest. „Na, das hat ja zumindest beim Einchecken geklappt" antworte ich etwas süffisant. Er bemerkt meinen Unterton und ein leises Lächeln huscht in seine Augenwinkel. Zuvor hatte er bei der Frage, wo wir denn sitzen wollen würden, der „Einchecklady" eines seiner schönsten Lächeln (bekomme ich höchstens sonntags) geschenkt. Und siehe da, wir finden uns in Reihe 18 wieder. Falls Sie oder Ihr Göttergatte (Göttergattin) das auch ausprobieren möchten, die Reihe 16 geht auch und bietet auch viel Beinfreiheit.

Der eine oder die andere wird sich jetzt vielleicht fragen, was ich denn für Erwartungen an ein Luxushotel habe. Ich möchte wie eine Königin behandelt werden. Klingt nach egozentrischer Zicke, sagen Sie? Egozentrisch trifft zu. Aber Zicke, ich bitte Sie. Nein ernsthaft: Ich möchte zuvorkommend und freundlich behandelt werden, ohne es mir mit Trinkgeld erkaufen zu müssen. Wenn ich einen Wunsch äußere, möchte ich nicht hören „Das geht nicht." Weil es geht nicht, gibt es nicht. Ist das eine zu hohe Erwartungshaltung oder hat uns das „Calista" überzeugt? Wenn Sie meine anderen Reiseberichte kennen, wissen Sie, dass wenn mein Göttergatte und ich verreisen immer irgend etwas passiert. Also seien Sie gespannt!

Jedes Jahr nehmen wir uns Weihnachten vor: Alles ganz langsam und nach Plan zu erledigen. Das klappt fast wie am Schnürchen bis dann die Feiertage kommen. Aber natürlich können wir die Reaktionen unserer Mitmenschen nicht mit planen. Natürlich geschieht jedes Jahr etwas mehr oder minder schreckliches beziehungsweise gefühlt super schreckliches. Das nennt man dann wohl Stress. Ja und auch dies Jahr wieder, wie alle Jahre wieder klopfte das kleine böse Männchen genau an unserer Tür. In dieser desolaten Verfassung traten wir also unseren Urlaub an.

Jetzt aber sitzen wir beide bereits ganz entspannt in unserer Notausgangsreihe. Nach einem kleinen leckeren Frühstück und einigen bequemen kleinen Nickerchen kommen wir in Antalya an. Die erste Überraschung: Es gibt keine Raucherlounge mehr. Aber unsere Koffer sind schnell da und wir stürzen hinaus, der ersten Zigarette entgegen und unserem Transfer. Eine unserer Schülerinnen, die lange in der Türkei gearbeitet hat, wollte für eine bequeme und kostengünstige Abholung sorgen. Aber? Ja, aber! Ich komme mir fast wie eine Königin vor, während ich an den vielen Namenschildern vorbei defiliere. Sie werden sagen: "Schließlich wollten Sie ja wie eine Königin behandelt werden. Jetzt haben Sie den Salat!" Gut, sehr gut zum Essen komme ich später.

Auf keinem der vielen Namensschilder steht unser Name. Also diskutiere ich mit einer Reiseleiter Lady. Vielleicht kann sie uns zu unserem Hotel bringen lassen. Notfalls unter der Androhung, dass wir es bezahlen würden. Währenddessen schleicht mein Göttergatte heimlich zum Schilderwald zurück. Er kann es gar nicht glauben, dass meine Schülerin so versagt haben soll. Jetzt ist es natürlich meine Schülerin. Eigentlich unterrichten wir sie ja beide. Aber er sucht wieder erfolglos nach einem Schild mit unserem Namen. Wir gönnen uns ein Taxi. Das kostet fünfzig Euro. Ganz schön viel Geld. Hätten wir den Transfer über unseren Reiseveranstalter reserviert, hätte er die Hälfte gekostet.

Mein Göttergatte ist sehr sparsam, außer wenn er seine weibliche Seite auslebt: Frustkäufe. Nein, er kauft keine Schuhe, sondern Elektrogeräte. Neulich hatte er ein unerfreuliches berufliches Gespräch. Danach sauste er sofort in einen von diesen Läden. Ich warte lieber stundenlang auf dem Parkplatz bevor ich auch nur einen Blick in die Schaufenster Scheibe werfe. Er kaufte einen Staubsauger mit den Worten. „Den wolltest Duuu doooch haben." Tatsächlich hatte ich diesen Staubsauger ein paar Tage vorher in einem Prospekt gesehen. Dabei sagte ich zu meinem Göttergatten: „Liebling, sieh mal der ist doch süß!" So verwandelte sich dieses ungeliebte Gespräch in einen Staubsauger und Göttergatte und Göttergattin sind wieder glücklich.

Sie sehen also: Wir sind beide lösungsorientiert. Das sind zwei neue Stichwörter. Zunächst einmal „glücklich": Ich betrachte glücklich zu sein als Luxus. Neulich habe ich mit meinen Schülern eine Diskussion über das Thema „Wahrnehmung unserer gesellschaftlichen Verantwortung" geführt. Wir waren uns einig, dass wir alle zu viel jammern. Dinge wie Gesundheit nehmen wir zu selbstverständlich. Wir wissen es gar nicht mehr zu schätzen, wenn wir gesund sind. Außer natürlich wir werden krank. Aber dann jammern wir ja auch sofort wieder. Könnten wir nicht einfach mal Gesundheit als Luxus ansehen? Wie reich könnten wir dann sein? Ein Schüler möchte immer soviel Geld haben, dass er jeden Tag dem Hamburger Lockruf folgen könnte. Wenn ihn das glücklich macht, ist es sein persönlicher Luxus. Was ist Ihr persönlicher Luxus?

Das zweite Stichwort „lösungsorientiert": Das bedeutet für mich, dass ich kein „Nein" akzeptiere. Es gibt nichts, was es nicht gibt. Meistens ist es eine Frage des Geldes oder des Wollens. Unser Reiseveranstalter verweist im Internet auf eine Informationsseite des Hotels. Hier ist vermerkt, dass Bowling pro Stunde fünf Euro kostet. Deshalb packte mein Liebling auch unsere Bowlingschuhe ein. Die Lockenwickler und die Badelatschen mussten in Hannover bleiben.

Während unserer obligatorischen, immer am ersten Tag stattfindenden Hotelerkundungstour, sagt uns eine Angestellte, dass der neue Preis zehn Euro pro Spiel sei. Mein Göttergatte errötet und das Entsetzen steht in seinen Augen. Wir schaffen normalerweise drei Spiele in einer Stunde. Ich sehe wie er rechnet und sich ärgert. Dafür hat er nun die Bowlingschuhe eingepackt. Langsam schaut er sehr gefrustet. Ich denke nur, hoffentlich gibt es hier keine Elektromärkte. Aber es muss sich doch eine andere Lösung finden! Schließlich sind die Informationsseiten verbindlich.

Die erste Guest Relation Dame, die wir ansprechen, sagt, das sei jetzt so und überhaupt sei es ja eine Neuerung. Da sie kein Deutsch spricht und wir ihr Englisch nicht verstehen, belassen wir es erst einmal dabei. Aber ärgern tut es uns schon. Wir wollten Bowlen. Also ein neuer Versuch bei der nächsten Guest Relation Dame. Aber auch hier die gleiche Antwort. Sie ist schon etwas freundlicher, aber auch sie scheint sich mehr für die russischen Gäste zu interessieren. Irgendwann wollen wir es mit dem Sales Manager probieren. Mal sehen, was der sagt. Wir haben in der Zwischenzeit Farouk, die türkische Antwort auf Michael J. Fox in „Ein Concierge zum Verlieben", kennen gelernt. Er spricht Deutsch und telefoniert für uns. Null Komma nix taucht Jasmin aus dem

Sales Department auf. Sie ist schwer erkältet, aber sie will uns helfen. Sie sagt sofort, dass sie die Bowlingbahn informiert. Für uns soll es dann nur fünf Euro pro Spiel kosten. Wir hätten hier noch nachhaken können, fünf Euro pro Stunde nicht pro Spiel. Aber was soll es, es ist ja immerhin eine Ermäßigung von fünfzig Prozent. Die steht uns zwar zu, aber wir diskutieren nicht weiter. Schließlich haben wir ja Urlaub. „Auch wenn wir dann nur einmal spielen, haben wir die Bowlingschuhe nicht umsonst mit genommen", sagt mein Göttergatte „und Du siehst ohne Lockenwickler auch viel besser aus". Ich frage nicht, ob er während des Aufdrehens oder nach dem Resultat meint. Nein es ist jetzt einfach mal ein Kompliment.

Jasmin besorgt uns auch alle Hotelinformationen, die wir uns für unsere Schüler wünschen. Sie verspricht sich auch um unseren Transfer zum Flughafen zu kümmern. Tut sie auch, sie gibt es an einen Kollegen weiter, weil sie einen freien Tag hat. Der hat sich aber leider nicht darum bemüht. Aber wir haben ja schließlich Farouk und der organisiert wirklich alles. Unser Concierge zum Verlieben.

Wie gesagt die Badelatschen mussten in Hannover bleiben. „Sie passen sowie so nicht mehr in den Koffer!" sprach mein Göttergatte. Ein komisches Gefühl beschlich mich schon. Aber ich dachte, dass die ausgeschriebenen Slipper des Hotels, es sicherlich auch in das Hallenbad schaffen würden. Hätte ich doch bloß nicht gedacht sondern gehandelt und sie einfach irgendwie in den Koffer geschmuggelt. Aber nächstes Mal sage ich zu meinem Göttergatten: "Liebling, vergiss die Badelatschen nicht!" Warum?

Das Hotelhallenbad und auch das Spa sind einfach toll. Großzügig, elegant, komfortabel und ein wenig romantisch laden das Spa und das Hallenbad zum komfortablen relaxen ein. Ja, wenn da nicht diese Kinder wären, die obwohl Springverbot, aus jeder

Himmelrichtung in das Becken springen. Der edle Marmorboden ist rund um das Becken mit Wasserpfützen übersät. Also, ich gehe, ganz elegante Dame, auf meinen Hotelslippern, in Richtung Dusche. Am liebsten würde ich mir die Ohren zu halten. Die Kinder verständigen sich in einer Lautstärke und einer Sprache, die meine Ohren und mich extrem enervieren. Hätte ich mich doch bloß mehr auf meinen Gang konzentriert. Denn nun passiert es. Ich falle und zwar auf meinen Allerwertesten. Noch zwei Tage später kann ich mich nur sehr gerade hinsetzen. Wie Ihre Majestät persönlich und der schon erwähnte tut mir einfach nur weh.

Das Hallenbad und das Spa sind wirklich der pure Luxus. Hamam, Finnische Sauna und auch die Dampf Sauna sind im Preis enthalten. Die Massagen locken mich natürlich auch. Es gibt eine Vielfalt von Anwendungen. Mir würde zum Beispiel eine Schokoladenmassage sehr gefallen. Aber mir sind neunundvierzig Euro zu teuer. Das liegt aber sicherlich an meinem Budget.

Was aber wirklich toll ist, ist der beheizbare Außenpool. Er ist tatsächlich beheizt. Zu Beginn unseres Aufenthaltes sind cirka sechzig Gäste im Hotel. Nach den Weihnachtsfeiertagen sind viele Gäste abgereist. Die wunderschön geschmückten Weihnachtsbäume sind noch als Zeugen der Party übrig geblieben. Silvester sollen die nächsten Gäste ungefähr eintausend eintreffen. Aber auch für die wenigen Gäste jetzt, ist der Pool beheizt. Ich empfinde es als puren Luxus Ende Dezember in einem Pool zu baden und die hellen Sonnenstrahlen zu genießen.

Für unsere Freunde daheim lassen wir uns am Silvestertag im Pool fotografieren und schicken es an alle per E-Mail. Nein, das ist nicht gemein, das ist Luxus. Cindys Mann hat die Fotos geschossen. Seinen Namen habe ich leider vergessen. Dabei war er so nett. Es war so: Mein Göttergatte und ich badeten im Pool. Den Fotoapparat hatten wir auf einer geschmackvollen Liege deponiert.

Höfliche immer grüßende Hotelangestellte mit dicken Pullovern gingen an uns vorbei. Wen sollten wir wegen des erwünschten Fotos fragen? Da weist mein Liebling auf ein Pärchen, das in einiger Entfernung von unserem Pool (schließlich sind wir alleine im Pool) spazieren geht. Die Gartenanlage lädt auch wirklich dazu ein. Mein Göttergatte und ich, wir haben Arbeitsteilung. Wie er es nennt, das Anquatschen von Menschen, gehört zu meinem Aufgabenbereich. Also ich winke die beiden heran und frage: „Do you speak French or Englisch?" Cindys Mann sagt. "English, please." Natürlich schießt er Fotos von uns. Und er macht das toll. Von dieser Seite und noch mal lächeln und mit der Sonne dort und hier. Irgendwann sage ich auf Deutsch: „Liebling, der macht das richtig professionell". Da sagt Cindys Mann im tollsten Hochdeutsch: „Dann lassen Sie uns doch Deutsch sprechen". Während ich nach Luft schnappe (liegt wahrscheinlich am vielen Lachs, den ich hier esse) bedankt sich mein Mann bei Cindy und ihrem Mann. Nach diesem besonderen Fotoshooting schmiegen wir uns in unsere Hotelbademäntel und im Windschatten können wir es uns sogar auf unseren Liegen gemütlich machen mit einem frisch gepressten (kostenfreien) Orangensaft.

Das ist nicht in allen fünf Sterne Hotels so. In einigen kostet der frisch gepresste Saft drei Euro. Ich trinke pro Tag mindestens zwei Säfte, das macht mal sieben sechsunddreißig Euro. Wenn zwei Personen jeweils zwei Säfte am Tag genießen… Bitte rechnen Sie selber.

Wie Sie ja wissen, kocht mein Göttergatte ausgezeichnet. Ich bin im Bezug auf Essen daher schon eine kleine Königin und ein wenig verwöhnt. Im Sommer sind im Hotel Calista acht Restaurants geöffnet. Im Winter stehen das Hauptrestaurant, ein italienisches und ein asiatisches Restaurant zur Verfügung. Das Hauptrestaurant ist sehr geschmackvoll und elegant modern eingerichtet. Auch für nur sechzig Gäste ist das Buffet riesig. Ich schaue mir immer erst alle Gerichte an, bevor ich mich entscheide, was ich essen werde.

Aber es gibt so viele leckere Vorspeisen und Hauptspeisen. (Natürlich auch der Nachttisch. Da der mich aber kalt lässt, habe ich es nur mit Vor- und Hauptgang zu tun.) Bereits bei der Hotelbeschreibung hatte ich Fotos vom Restaurant entdeckt. Auf diesen Bildern sieht man kleine Schnapsgläser, die mit etwas gefüllt, auf einem Teil des Buffets stehen. Also in diesen Gläsern versteckt sich zum Beispiel Lachs in Honigsenf Marinade oder ein Champignon mit Frischkäse gefüllt oder ein Scampi mit Dillsauce. Diese kleinen Gläser locken mich jeden Abend in ihre Nähe. An einem Abend zähle ich mit Salaten, Vorspeisen und gekochtem sage und schreibe fünf verschiedene Sorten Lachs. Wenn ich dann am Tisch mit meinem Liebling sitze, der Wein in einem Eiskühler an unseren Tisch gebracht wird und auf meinem Teller ein Stückchen Lachs mich anlacht, dann ist das mein ganz persönlicher Luxus. Das ist es auch, wenn ich das Restaurant verlasse um draußen auf der Terrasse eine Zigarettenpause einzulegen. Währenddessen läuft mir der Kellner mit einem Aschenbecher hinterher und öffnet mir die Tür.

Aber noch etwas anderes ist Luxus pur. Die Jazz Bar, leider wird hier kein Jazz gespielt, sondern Discomusik. Es ist der einzige Platz, wo geraucht werden darf. Hierhin gehen wir vor dem Essen und nach dem Essen zur Kinderdisco. Im Winter hat die Animation mal ihre Ruhe. Es findet kaum etwas statt: Abends Kinderdisco, auch mal Karaoke oder Bingo. Wir genießen unsere Unterhaltungen. Aber wir haben auch Kellner kennen gelernt, die tatsächlich die Wünsche der Gäste von den Augen ablesen und wenn ein Glas leer ist, sofort ein neues herbei zaubern. Kaum haben wir uns am zweiten Abend hingesetzt, kommt auch schon der Kellner und stellt ein Glas Wein vor mich und vor meinen Mann einen Wodka Cola (No ice, no fruits). Ich habe mir extra die Namen von zweien dieser Superkellner aufgeschrieben: Bayram und Murat. Also an dieser Stelle Danke an alle Kellner im Hauptrestaurant und in der Jazz Bar.

Übrigens draußen vor der White Bar ist ein kleines Häuschen aufgebaut. Auch diese Bar ist sehr elegant eingerichtet. Aber hier darf Mann/Frau nicht rauchen. In dieser Bar waren wir nur sehr selten. Jetzt werden Sie aber sicher wissen wollen, was es mit dem Häuschen, genauer gesagt Gartenhäuschen, auf sich hat. Nun, es ist das Raucherhäuschen. Wenn es im Winter zu kalt draußen ist, ist dies der Rettungsplatz oder Abstellplatz für alle Raucher.

Aber wir besuchen nicht das Raucherhäuschen sondern mal wieder die Guest Relation. Wir wollen wissen, wann welche Animation stattfindet. „Da sprechen Sie doch am besten mit dem Chefanimateur" sagt sie und telefoniert ihn herbei. Er ist sehr nett und erklärt uns, dass es die Animation im Winter eher ruhig angehen lässt. Wenn ein Gast etwas wünscht, dann findet das statt. Mein Göttergatte interessiert sich für Thai Chi. „Das nun nicht" sagt er. Das steht zwar im Prospekt, findet aber nur im Sommer statt. Was wir denn sonst für Wünsche haben? Wassergymnastik!. „Wann möchten Sie das denn machen?" fragt er. „11.00 Uhr" sage ich. Am nächsten Morgen steht pünktlich um 11.00 Uhr Nile am Beckenrand und macht mit meinem Mann und mir Wassergymnastik. Abends an der Bar treffen wir sie wieder. Sie ist eigentlich die Chefin des Kinderclubs. Wie sehr sie Kinder liebt, sehen wir bei der Kinderdisko. Die großen Augen der lieben kleinen schauen nur auf sie. Die kleinen tanzen richtig mit und es sieht zu niedlich aus. Wir können gar nicht anders. Jeden Abend sind wir pünktlich in der Bar zur Minidisko. Danach findet die Abendshow statt. Wir unterhalten uns sehr nett mit Nile und mit Mustafa. Er ist eigentlich Fußball Animateur. Aber auch Mustafa ist Herzblut Animateur. An einem Abend springt er plötzlich mitten in der Unterhaltung auf und tanzt mit den Kiddis mit. Nach einigen Tänzen kommt er dann an unseren Tisch und bittet mich zum Tanz. Das lasse ich schön bleiben, denn er hatte mir erzählt, dass er auch Tanzanimateuer ist.

Ich blamiere mich zwar oft, aber doch bitte nicht mit Ansage. Aber mein Göttergatte tanzt mit. Sie machen eine Schlange aus Erwachsenen, die eine Kette bilden und die kleinen tanzen darunter durch. Spaß für Groß und Klein. Ich bin ein wenig neidisch auf meinen Mann. Das hätte ich auch gekonnt. Aber das konnte ich ja nicht ahnen, als Mustafa so galant auf mich zu kam. Bei seinem Anblick hatte ich an Samba oder schlimmeres gedacht.

Später am Abend zeigt mein Göttergatte allen Anwesenden wie toll er tanzen kann: Er bewegt mich über die Tanzfläche. Stellen Sie sich bitte einen riesigen Felsbrocken vor und den sollen Sie mit nur einem Finger bewegen. Ein Kraftakt! Genau so ein Kraftakt ist es meine Füße und den Rest meines Körpers einigermaßen im Takt der Musik zu bewegen. Es war einer von vielen schönen Abenden im Hotel Calista.

Apropos schöner Abend: Am Silvesterabend fand eine Gala statt. Der Saal war für cirka neunhundert Gäste hübsch, elegant und feierlich geschmückt und gedeckt. Mir fehlte der Brötchenteller zur Vorspeise. Da ich es sowieso nicht essen würde, reklamiere ich dies nicht. Aber mir fehlen auch Besteck und Gläser. Die werden aber auf Anfrage sofort gebracht. An unserem Tisch sitzen zwei österreichische Pärchen, ein türkisches Paar mit einem kleinen Jungen und ein älteres deutsch türkisches Paar. Auf dem Tisch stehen Aschenbecher. Wir beschließen nicht am Tisch zu rauchen. Die Luft im Saal wirkt durch die anderen Raucher schon verbraucht. Außerdem ist es im Vorraum ruhiger. Wir haben uns erzählen lassen, dass türkische Feste immer sehr laut sind. Dieses Fest war laut, da tat es ganz gut im Vorraum etwas dem Lärm zu entkommen und sich ein wenig zu unterhalten. Die erste Band, drei farbige Soul Sänger, hat mir sehr gut gefallen. Danach trat eine Band auf, die Joe Cocker und Tina Turner, Konkurrenz machen könnte. Auch toll, aber laut. Die Bauchtänzerin haben wir verpasst.

Da saßen wir gerade in der Jazz Bar und haben uns mit Regina und Horst unterhalten.

Die beiden haben wir durch eine gemeinsame Bekannte, Mäggie, kennen gelernt. Ja, Mäggie, die wir vor zwei Jahren im Hotel Xanadu getroffen haben. Hier haben wir sie per Zufall wieder gesehen. Wir waren auf dem Weg in das Restaurant. Da kommt uns eine elegante, sehr gut angezogene Dame eilenden Schrittes entgegen. Ich denke „Die kennst Du doch." Und schon sagen mein Göttergatte und ich im Chor: „Die kennen wir doch." Mäggie sieht uns freudestrahlend an. Sie hat uns auch wieder erkannt. Ab jetzt sind wir jeden Nachmittag auf einen Kaffee im Kaffee Calista verabredet und erzählen und erzählen und erzählen. Hier gibt es so viele leckere Kuchensorten, so dass Mäggie und mein Göttergatte jeden Tag eine andere probieren.

Aber zurück zu Silvester. Das Essen war reichlich und wurde in vielen Gängen serviert. Außer der Vorspeise hat uns aber nichts so wirklich begeistert. Um viertel vor zwölf werden alle Gäste auf die Terrasse gebeten. Alle Gäste bekommen vom reichlichen Service-Personal zunächst einen kuscheligen Schal überreicht. Für die Damen in dezentem Beige für die Herren in Dunkelbraun. Es ist eine Schneemaschine aufgebaut. Eine tolle Idee und nicht nur die Kinder freuen sich über Schnee in der Türkei.
Überall sind Kellner, die den Gästen reichlich Champagner anbieten. Diskomusik ertönt. Alles jubelt, alles klatscht, dann wird das neue Jahr angezählt und pünktlich um zwölf Uhr gibt es ein phantastisches Feuerwerk. Bevor mein Mann alles in Fotos festhält, bekomme ich einen ganz lieben Kuss. Diese letzten Minuten im alten Jahr und die ersten im neuen Jahr werden die schönsten an diesem Abend. Wohlig eingekuschelt in zwei Schals, ein Glas Champagner in der Hand, im Arm meines Mannes, am Himmel ein Feuerwerk, das ist Luxus pur.

Wo wir wieder beim Thema sind: Tapeten aus reinem Gold, ein eigenes Kino, ein eigenes Fitness-Studio, eine Küche so groß wie unser Wohnzimmer, einen Butler und vieles mehr wartet auf die Gäste, die in einer Villa wohnen. Jasmin hat Farouk gebeten uns das Hotel zu zeigen. Ich bin langsam in die Jahre für Golf spielen gekommen aber ich tue es noch nicht. „Aber ich würde gerne mal Golfcar fahren" hatte ich zu meinem Mann gesagt. Farouk macht diesen Wunsch wahr. Im Golfcar fährt er uns durch die Anlage. Er erzählt mit solcher Begeisterung über das Hotel, die Gäste, den Garten, dass ich vergesse, wie kalt mir ist. Der Wind kann im Winter in der Türkei sehr unangenehm sein. Farouk zeigt uns diverse Zimmerkategorien. Wir sind überwältigt. Im ganzen Hotel sind die Möbel, Gemälde und Accessoires mit sehr viel Liebe, Geschmack und Eleganz ausgesucht worden. Geld hat keine Rolle gespielt. Das sieht man überall.

Farouk zeigt uns auch die Gartenanlage. An einem Zitronenbaum hält er abrupt. Er pflückt eine für jeden von uns und sagt lachend: „Die probieren sie bitte in Deutschland. Sie haben sehr viel Geschmack." Eine außergewöhnliche und liebevolle Geste. Wie gesagt ein Concierge zum Verlieben.

Die nächsten Gedanken schreibe ich während einer Dienstreise in Hamburg. Ich schreibe bei Kerzenlicht. Wenn Sie jetzt fragen: „In welchem Luxushotel ist sie denn nun schon wieder?" Ich erläutere es Ihnen gerne.

Ich hatte gerade alles für ein Picknick im Bett vorbereitet. Wie Sie wissen, hasst mein Göttergatte Krümel im Bett und ich genieße diese kleine Freiheit, wenn ich alleine verreisen muss. Im Fernseher lief zur Entspannung eine tägliche Soap. Gerade als ich meine Frikadellen Schachtel öffnen will, erlöscht das Licht und der Fernseher ist still und das Fernsehbild verschwunden. Ich sitze im Dunkeln auf dem Bett. Auch wenn mein Arzt sich wünscht, dass ich weniger rauchen würde, bin ich doch froh, dass ich ein Feuerzeug besitze. Die Zigarettenschachtel finde ich sehr schnell. Also erst einmal rauche ich eine Zigarette. Vielleicht gibt es dann ja wieder Licht. Die Zigarette ist verraucht. Kein Licht. Was tun? Telefonieren mit der Rezeption geht ja auch nicht und ich habe schon mein Schlafshirt an. Ich werde ein wenig unruhig daher ziehe ich meine Jeans an und eine Strickjacke über mein Schlafshirt. Weiß ja keiner und es ist dunkel. Während ich die Treppen hinunter zur Rezeption schreite, erhasche ich einen Blick in das Restaurant. Es leuchtet ein Kerzenmeer. Auf allen Tischen stehen riesige Kerzenleuchter. Auch an der Rezeption stehen Kerzen. Die Mitarbeiter halten nervös Handys an ihre Ohren und sprechen unruhig hinein. Einer beachtet mich und erzählt mir, dass ein Stromausfall die ganze Straße betreffen würde. „Ein kleines Problem, dass schnell gelöst wird und eine Kerze finden Sie in ihrem Kleiderschrank." Ich gehe wieder auf mein Zimmer und freue mich zum zweiten Mal über mein Feuerzeug. Meine Geflügelfrikadellen schmecken bei Kerzenlicht noch mal so gut und natürlich habe ich auch Weißwein dabei. „Prost Ulrike" sage ich zu mir. Dieses Abenteuer hätte ich aber lieber mit meinem Göttergatten erlebt. In Gedanken wünsche meinen Mann und mich in das Hotel Calista zurück. Nach diversen „Prost Ulrike" und einer Stunde kommt der Strom zurück.

Bei Strom denke ich an Cihan und an seinen Föhn, der mich schon im letzten Urlaub so müde gemacht hat. Das ganze Jahr über haben wir uns E-Mails geschrieben. Ich würde mir gmeine Haare stylen lassen. Allerdings ist unser Hotel in Belek und er arbeitet in Lara. Mit dem Dolmus dauert das Hin und Zurück fünf Stunden. Per Taxi kostet es fünfzig Euro. Beides keine gute Idee. Aber mein lösungsorientierter Göttergatte schlägt einen Mietwagen vor. Der kostet fünfundvierzig Euro und wir können das mit einem Besuch von Gamze verbinden.

Gamze haben wir in Hannover auf einer Reisemesse kennen gelernt. Sie arbeitet als Sales Representative im Hotel Spice. Die Messe war im November und wir haben ihr versprochen, dass wir sie besuchen, wenn wir in der Türkei sind. Tatsächlich fühlen wir uns wie in der Werbung: Eben noch in Hannover jetzt in Antalya. Gamze empfängt uns liebevoll und herzlich und zeigt uns ihr Hotel. Sie ist das weibliche Pendant zu Farouk. Sales Representative mit Herz und Seele. Jedes fünf Sterne Hotel in der Türkei hat etwas Besonderes. Das Spice Hotel hat etwas orientalisches Mystisches. Jedes Zimmer riecht ein wenig anders. Die Moskitonetze über den Betten finde ich sehr romantisch. Auch das Spa ist großzügig und orientalisch romantisch. Man kann das Hamam auch für Privat Parties mieten. Bei einem Kaffee plaudern wir über die Gäste des Hotels, diese kommen überwiegend aus dem deutschsprachigen Raum. Während wir uns verabschieden, habe ich das Gefühl Gamze schon viel länger zu kennen. Sie schenkt mir eine orientalisch geschnittene Tunika und gibt uns ganz viele Infos über das Hotel mit. Wir sind uns einig, dass wir auch sehr gerne im Spice Hotel Urlaub machen würden.

Auf das Wiedersehen mit Cihan habe ich mich sehr gefreut. Einen Tag vor unserem Treffen habe ich ihn angerufen und gefragt ob er da sei. Er antwortete mit einem schlichen „Ja". Als ich frage, was denn Strähnchen jetzt kosten, antwortet er: „Frag nicht, komm einfach." Das ist mein Cihan. Die Sicherheitsvorkehrungen in der Türkei sind nicht ganz so einfach. Der Beamte, an der verschlossenen Pforte, will wissen zu wem wir wollen. „Zu Cihan meinem Friseur" rufe ich ihm aus dem Auto zu. Während er telefoniert, warten wir im Auto. Zur Sicherheit muss mein Mann seinen Reisepass abgeben. Cihan kommt und identifiziert uns als Steffen und Ulrike. Er küsst uns beide und wir dürfen in das Hotel. Cihan kümmert sich liebevoll um die Haare meines Mannes und um meine: Strähnchen, schneiden, stylen. Nach drei Stunden trinken wir einen Kaffee zusammen. Cihan plant einen zweiten

Laden aufzumachen. Wir erzählen über unsere Arbeit. Da mein Friseur nichts über die Bezahlung erwähnt, ist es mein Thema. „Was sollen wir denn jetzt bezahlen?" Fast habe ich den Eindruck, dass er böse wird. Aber er sagt nur: „Wir sind Freunde. Geld spielt keine Rolle." Aber ich will bezahlen. Widerwillig sagt er: "Vierzig Euro für euch beide." Jetzt tue ich etwas zum ersten Mal in der Türkei. Ich handele hoch. Mein Göttergatte gibt ihm etwas versteckt siebzig Euro. Wir küssen uns zum Abschied. Cihan, ich danke Dir.

Die eine Woche im Hotel Calista ist schnell vergangen. Farouk hat uns einen Sonderpreis für den Limousinentransfer gemacht. Fünfzig Euro, der gleiche Preis wie für ein Taxi. Da entscheiden wir uns doch glatt für eine Limousine. So kommt es, das wir unsere Rückreise zum Flughafen, ganz entspannt in Ledersitzen verbringen. Die Fahrt dauert leider nur fünfundzwanzig Minuten. Die Notausgangsreihen sind schon besetzt und nach drei Stunden und fünfzig Minuten sind wir in Hannover im heimischen Luxus. Tiefster Schnee, aber unser Fastsohn hat sich mit seinen Allwetterreifen durchgekämpft, und holt uns am Flughafen ab.

Aber was ist am Ende Luxus für mich? Luxus sind Menschen, die ich schätze und die mich schätzen und lieben. Danke an die Eincheck-Lady, die meinen Göttergatten beflirtete, er hatte viel Beinfreiheit (Ich auch, sorry Lady, er ist verheiratet mit mir.) an Jasmin, die erkannte, dass ein Prospekt nie lügt, an Farouk, für den der Scheich, aber auch die Blondine aus Ostfriesland wichtig sind, an Gamze, die Herzblut Sales Representative, an Nile für die Kinder und Erwachsene eine Welt bedeuten, an Mustafa, dem die Kiddies und Mammies reihenweise zu Füssen liegen, an Bayram und Furat denen ein Lächeln so viel mehr bedeutet als ein Trinkgeld, an Cihan für den ich eine Freundin sein möchte, an Mäggie, die da war und an meinen Göttergatten, der mich seit einundzwanzig Jahren auf den kleinen und großen Abenteuern begleitet und beschützt. Danke Liebling, Du bist mein größter Luxus!

El regalo

Immer wieder habe ich mich gefragt, warum so viele Expedienten ihre gewonnenen Reisegutscheine verkaufen wollen. Das ist doch ein Geschenk. Wie man so sagt, das kam mir spanisch vor. Und auf Spanisch heißt das Geschenk „el Regalo".

Auf den TUI Infotagen 1981 (Das sind sogenannte Informationstage von Reiseveranstaltern mit Workshops, die damals noch Seminare hießen.) habe ich eine Reise gewonnen. Die einzige, seit dem ich arbeite, in vierunddreißig Jahren. Natürlich habe ich hunderte von Taschen, einige Handtücher und achtzig Schirme gewonnen. Aber bis 2008, nur diese eine Reise.

Die TUI Reise war eine Fahrt mit dem Zug nach Pula im damaligen Jugoslawien. Von Osnabrück aus ging es mit dem Veranstalter Hummel (einer der Veranstalter, aus dem viele Jahre später die TUI entstand) in ein vier Sterne Hotel mit Halbpension. Bis auf die Rückfahrt, die ich stehender weise verbringen durfte, war es eine traumhafte Reise und ein schönes Geschenk.

Es hat alles gut geklappt. Ich weiß noch, dass der Kellner mir jeden Abend eine Rose brachte. Mein Göttergatte würde sagen, dass das an meinem Alter gelegen hat. Schließlich hatte ich damals die Figur einer zweiundzwanzig Jährigen.

Heute hatten wir ein interessantes Gespräch, wie es nur Frauen mit Männern führen können. Gewisse Sprachbarrieren gibt es auch noch nach langen Jahren des Zusammenseins zu bestaunen. Ich erzählte ihm, dass ich heute eine Mittagssendung im Fernsehen gesehen habe. „Eine einundzwanzig Jährige, mit meiner Figur … „ Weiter kam ich gar nicht. Er unterbrach mich: „Die Arme, einundzwanzig und dann Deine Figur!" Danach bedankte ich mich und bat ihn die Unterhaltung mit sich selbst weiterzuführen.

Ja, so ein Göttergatte, ist auch ein Geschenk. Vielleicht hätte ich dem Kellner damals „Hvala" für das „Poklon" sagen sollen. Wenn Ihnen das spanisch vorkommt sind wir wieder bei einem Geschenk. „Hvala" heißt Geschenk auf Kroatisch und „Poklon" heißt Danke.

Jedenfalls habe ich Danke und andere Jubellaute von mir gegeben, als ich im Oktober 2008 auf einer Roadshow von? Nein, nicht die TUI, sondern Thomas Cook, eine Reise gewonnen habe. Genauer gesagt einen Flug und einen Hotelgutschein, sowie einen Parkgutschein für Hannover. Den Flug bei einer namhaften Airline ab Deutschland (jeder Abflughafen). Das Hotel heißt „H 10 Rubicon Palace", ein vier Sterne Hotel, auf Lanzarote mit Halbpension.

Wir wollten uns auf unsere Reise freuen. Die Vorfreude ist für mich immer sehr wichtig. Noch so und soviel Wochen, Tage und dann ab geht es in den Urlaub. Und diesmal plane ich alles, nichts wird vergessen, alles wird richtig gepackt. Zunächst einmal gilt es zu erwähnen, dass es diesmal beim Kofferpacken keine zwischen eheliche Komplikationen geben wird. Die Lockenwickler kann mein Göttergatte jetzt nämlich getrost zu Hause lassen. Warum?

Ich habe mir eine Kurzhaarfrisur zugelegt. Ich benötige jetzt nur noch Bürsten. Allerdings sechs. Sie ahnen nichts Gutes? Oh nein, da täuschen Sie sich. Aber beim Packen sind wir noch lange nicht. „Gracias", nein, erst einmal die Planung, dann die Reise.

Wir mussten uns überlegen, wann haben wir denn Zeit? Ziemlich schnell war ein Termin: 11. bis 18. Juli gefunden. Ein Ferientermin. Steht vielleicht auf dem Hotelgutschein, dass Ferientermine ausgeschlossen sind? Nein. Na, dass ist doch schon mal schön. Also mussten wir eine kostengünstige E-Mail an die Reservierungszentrale schicken. Diese Aufgabe übernahm ich. Eine Antwort kam schnell. Wir wären herzlich willkommen und ein alles inklusive Zuschlag, von fünfzehn Euro pro Tag, würde sich bestimmt für uns lohnen.

Jetzt galt es nach den Flügen zu sehen. Auch dies übernahm zunächst ich. Meine Recherche startete ich im Internet. „Die Airline bietet keine Flüge ab Hannover an:" sagte ich zu meinem Göttergatten. Wie üblich in solchen Situationen, vertraute er meinen Technikkenntnissen nicht. Er bezeichnete mich: „Du dusselige" … danach folgt dann ein Tier, dass in Indien verehrt wird und heilig ist. Daher betrachte ich diese Ansprache auch als höchst ehrenwürdig. Aber siehe da, auch er fand keine Flüge ab Hannover sondern nur ab Düsseldorf und Frankfurt.

Wir entschieden uns für Düsseldorf. Ich griff zum Telefonhörer und wollte nun ganz schnell die Flüge buchen, damit wir das Hotel rückbestätigen konnten. Ich erzählte der Mitarbeiterin freudestrahlend (konnte sie zwar nicht sehen, soll man aber ja bekanntlich an der Stimme hören) von meinem Gewinn. Ein danke schön hielt ich auch für angebracht, während ich die Gutschein-Nummer durchgab.

Die Antwort: „Haben Sie nicht gesehen, da sind doch Ferien. Da können Sie nicht fliegen. Das steht doch da drauf." Ziemlich unfreundlich und genervt, sagte sie dies. Mein Lächeln hatte nichts bewirkt. Aber ich gab nicht auf und erklärte ihr, dass dies der einzige Zeitpunkt sei, an dem es für uns möglich sei. Ob sie nicht bitte so nett sein könnte und mir dann sagen würde, ab welchem Flughafen es denn gehen würde.

Jetzt wurde sie noch unfreundlicher: „Wir sind hier keine Beratungsstelle, schauen Sie doch in das Internet." Mein Lächeln verwandelte sich in einen eisigen Blick. Ich bat sie mich mit ihrer Vorgesetzten zu verbinden. Mein Göttergatte saß an seinem Schreibtisch. Am liebsten hätte er sich darunter verkrochen. In solchen Situationen ist er immer peinlich berührt. Jetzt würde er jedem schwören, dass er nicht mit mir verheiratet ist. Nein, er kennt mich nicht einmal.

Ich erklärte der Vorgesetzten unser Problem. Auch sie blaffte mich zunächst an. Aber sie bot zumindest an, im Computer nach Terminen zu suchen. Ich übergab den Hörer meinem Göttergatten, denn er ist Herr unserer Terminkalender. Es stellte sich heraus, dass in Frankfurt noch keine Ferien seien. Nun denken Sie sicherlich, dann ist das doch kein Problem mehr oder?

Sie überprüfte den Preis und stellte fest, dass die Flüge, obwohl in Düsseldorf schon Ferien waren, doch preisgünstiger waren als ab Frankfurt. Was interessierte uns der Preis? Ich hatte die Flüge doch gewonnen. Mein schönes großes „regalo"! Mein Göttergatte versuchte es jetzt mit seinem ganzen Charme. Siehe da, die Dame buchte uns die Flüge ab und bis Düsseldorf ein. Aber wäre ich nicht so hartnäckig gewesen, hätte die erste Mitarbeiterin mich eiskalt abgewimmelt. Jetzt dämmerte es mir so langsam, aber ehrlich gesagt, wirklich nur so ganz langsam, warum so viele Gutscheine zum Verkauf angeboten werden.

Es folgte noch die Sache mit dem Parkplatz. Es war ja nun Düsseldorf geworden und nicht Hannover. Aber mein Göttergatte erinnerte sich. Irgendwann hatten wir doch einen Gutschein für kostenloses Parken auf einem Reisebüro Stammtisch gewonnen. Dieser Gutschein war aber schon zwei Jahre abgelaufen.

Getreu nach meinem Motto „Fragen kannst Du ja mal", habe ich eine liebe E-Mail geschrieben. Die Antwort kam prompt: „ Wir verlängern Ihren Gutschein sehr gerne." So ein Erfolg, grandios oder?

Fix hängte sich mein Göttergatte an das Telefon. Nein, die Parkplätze seien alle besetzt. Das war die Antwort, die er erhielt. Es gäbe nur noch die Möglichkeit eine Übernachtung zu buchen für dreiundsechzig Euro und dann kostenlos zu parken. Dieser Antwort misstraute er.

Ich muss zugeben, dass mein Göttergatte, in den letzten Jahren auch ein wenig gelernt hat. Früher hätte er sich mit dieser Antwort begnügt. Nein, jetzt nicht mehr. Er sah im Internet nach. Hoppla....Es gab noch genügend Parkplätze. Also rief er noch einmal bei der Reservierungsstelle an.

Nur dies Mal bat er zunächst um die Buchung. Dann erst sagte er, also am Schluss, dass er einen Gutschein habe. So klappte es dann doch. Eine weitere Hürde auf dem Weg nach Lanzarote war genommen.

Irgendwann kam dann doch ein wenig Vorfreude auf: Der Parkplatz in Düsseldorf gebucht, die Flüge gebucht, der Gutschein für die Flüge an die Airline geschickt, das Hotel gebucht, der Gutschein an das Hotel gemailt. Hatten wir etwas vergessen?

Sollten wir noch einen Mietwagen buchen oder nicht? Diese Woche wollten wir zum Ausruhen, ein wenig Sport und lesen nutzen. Wozu also einen Mietwagen? Ich war vor einunddreißig

Jahren das erste Mal auf Lanzarote. Danach immer mal wieder. Auch mein Göttergatte kennt die Insel. Also stellte sich wieder die Frage: Mietwagen Ja oder Nein?

„Du darfst eines nicht vergessen, das kostet ja auch alles noch Geld", hatte mein Göttergatte vor und während der Reise mantramäßig wiederholt. Bis zum jetzigen Zeitpunkt war es nur der Alles Inklusive Zuschlag.

Unsere letzte Spanien Reise hatte zur Folge, dass wir in einer Woche vor Ort zweitausend Kilometer erkundet hatten. Unser Hotel war total ausgebucht. Wenn wir morgens um halb elf keine, freien Liegen am Pool bekamen und am Strand pro Liege und Tag zehn Euro bezahlen sollten, waren wir schnell auf der Autobahn in Richtung Portugal. Wir setzten uns einfach in unser gemietetes Cabrio und weg waren wir. Sozusagen mein Göttergatte, als Doktor Kimble alias mein Chauffeur und ich auf der Flucht.

Dies Mal hatten wir vorab sämtliche Katalogbeschreibungen des Hotels gesammelt und gelesen. Natürlich haben wir auch im Internet die Beschreibungen und Bewertungen recherchiert. Eines möchte ich an dieser Stelle hervorheben. Die Weiterempfehlungsrate von vierundsiebzig Prozent, ist gelinde gesagt, eine Frechheit. Das hat das Hotel Rubicon Palace nicht verdient. Aber ich glaube, es liegt an der Lage. Es ist alles zu Fuß oder per Bus erreichbar. Haben Sie aber einen Mietwagen, dann können Sie sich in ihren Wunschwagen setzen. Auf Grund der guten Straßen und der kurzen Wege auf Lanzarote sind Sie in einer guten halben Stunde in Arrecife und shoppen bereits oder essen ein Eis.

Da wir die Ausschreibungen des Hotels diverse Male gelesen hatten. Zum Beispiel: direkte Lage am Meer, heißt auf Katalog Deutsch: kein Strand. Ja und dann war da ja auch die Erfahrung aus dem letzten Spanien Urlaub. Also was jetzt? Mietwagen ja oder nein?

Wir entschieden uns für ... Ich möchte Ihre Spannung nicht überstrapazieren. Wir reservierten einen kleinen Opel Corsa. Die nächsten Kosten entstanden. „Siehst Du" sagte mein Göttergatte „das kostet auch alles noch Geld". Er zog, wie immer in solchen Situationen, die rechte Augenbraue nach oben. Fast hätte ich ihn gefragt, ob er nicht vorab nach den Benzinkosten schauen will. Denn die würden ja auch einen Kostenpunkt ausmachen. Da ich aber diesen berühmten Satz nicht noch einmal hören wollte, schwieg ich brav. Übrigens die Kosten waren pro Liter siebenundachtzig Cent.

In der letzten Woche vor unserem Urlaub, hatten wir etwas weniger Arbeit und konnten nun alle Unterlagen in Ruhe zusammen suchen. Dann konnte das „regalo" endlich ausgepackt werden, sprich es ging endlich los:

Der erste Tag:
Wir brechen um sieben Uhr auf. Unser Flug geht um 12.55 Uhr. Aber wir müssen einen Stau einplanen und die Abgabe unseres Autos am Flughafen.

Im Ruhrgebiet kommt es mir vor, als wenn wir von einer Stadt direkt in die nächste fahren. Unsere Anreisebeschreibung entpuppt sich als wertlos. Hätte ich mir die Beschreibung vielleicht vorher einmal ansehen sollen? Ich beschimpfe mich und mache mir lauthals Vorwürfe. Warum? Eine reine Vorsichtsmassnahme, denn wenn ich das erledige, hat mein Göttergatte keine Veranlassung mehr, mich wieder mit diesem Tier zu betiteln.

Wir fahren also nach Schildern, die mir das Gefühl geben, gleich sind wir da. Aber irgendwie umkreisen wir Düsseldorf.

„Gracias" wir hatten nur einen Stau bis hierher und wir haben nur einen Stopp bei einem unserer Lieblings Fastfood Stores gemacht.

Dann entdecken wir an der linken Straßenseite den Hinweis zu unserem Parkplatz. Nach dem mein Göttergatte den Schlüssel abgegeben hat, geht es mit dem Shuttlebus zum Flughafen. Keine Angst, der ist im Preis (Gutschein) enthalten.

Das Einchecken klappt gut. Danach gönnen wir uns ein Thunfisch- und ein Matjesbrötchen. Am Düsseldorfer Flughafen wird es nicht langweilig. Es gibt jede Menge Geschäfte, Restaurants und vieles mehr. Aber wir gehen lieber durch die Handgepäckkontrolle, dann haben wir es hinter uns. Eine lange Schlange wartet vor uns.

An einer Ecke, steht ein Mann, der auf mich zunächst wie ein Clown wirkt. Er macht Verrenkungen mit Wasserflaschen. Ach Du meine Güte! Er spricht.

„Haben Sie Wasserflaschen dabei? „Denken Sie daran keine Flüssigkeiten. Packen Sie Cremes, höchstens einhundert Millimeter, in durchsichtige Tüten." Typisch, denke ich. Alle Kunden und alle Schüler habe ich auf diese Tatsache aufmerksam gemacht. Und ich?

Das Wasser kann ich noch schnell austrinken. Die Flasche muss ich mitnehmen. Mein Göttergatte besteht ausdrücklich darauf. „Schließlich sind fünfundzwanzig Cent viel Geld." sagt mein Mann. Zu diesem Zeitpunkt habe ich nicht gewusst, wie dankbar ich meinem Göttergatten noch sein werde, dass ich diese Flasche von Hannover nach Lanzarote trage und wieder zurück. Seien Sie gespannt!

Mein Makeup habe ich in mein Handgepäck gepackt. Es könnte ja sein, dass ich im Flugzeug einschlafe. Meine Wimperntusche verläuft und ich dringend kosmetischen Nachschub benötige. Und jetzt? Woher soll ich jetzt eine durchsichtige Tüte bekommen? Ich setzte bei der Abgabe meines Rucksacks ein hübsches Lächeln auf, öffne meine Kosmetiktasche. Ich zeige dem Beamten meine Wimperntusche, meine Lidschattenfarben, meinen Lippenstift, meinen Pickelkorrekturstift (Pickel erscheinen ja meistens, wenn Frau sie gar nicht gebrauchen kann), meinen Augenbrauenstift, mein Schminklöschpapier und meinen Spiegel. Habe ich etwas vergessen? Als ich ihm meine Wattestäbchen zeige, ist er überzeugt eine Irre vor sich zu haben. Zumindest sieht er mich so an. Aber er sagt: „Das soll mein Kollege entscheiden."

Ich denke, wenn der aufgibt, kriege ich den anderen auch dazu. Wahrscheinlich strahle ich das auch aus. Er spricht mich nicht mal an, sondern gibt mir meinen Rucksack und meine Kosmetiktasche einfach wieder. Schnell verlassen wir den Schalter. Mein Makeup, das ich auch in diesem Urlaub nicht benutzen werde, ist gerettet.

Unseren Flug genießen wir in einer dreier Reihe, die wir beide für uns alleine haben. Eigentlich haben wir mit einer Flugzeit so um die vier bis fünf Stunden gerechnet. Aber der Copilot verkündet, dass die Flugzeit heute drei Stunden und fünfundvierzig Minuten beträgt. Es gibt ein warmes Essen, zollfreien Verkauf und schon sind wir auf Lanzarote gelandet.

Während ich auf die Koffer warte, geht mein Göttergatte zum Mietwagenschalter. Nach fünf Minuten ist er schon mit Schlüssel, Karte und Vertag zurück. Auf den Koffer müssen wir noch etwas warten. Aber dann ist er da. Fünf Minuten später sitzen wir in unserem Opel Corsa.
Der Kilometerstand verrät, dass das Auto gerade mal vierzehn Kilometer bis jetzt gefahren ist. Wir werden ihn nach 614 Kilometern wieder abgeben.

Ich schnappe mir die Karte. Wir fahren los. Vierzig Kilometer sind es bis zum Hotel. Ich hatte im Reiseführer gelesen, dass die Einheimischen einen schrecklichen, fürchterlichen und expressiven Fahrstil praktizieren. Aber mich tröstete mich der Gedanke, dass mein Göttergatte mich durch Südafrika, Italien, Australien, Deutschland und noch einige andere Länder, chauffiert hat.

Nur einmal während unseres Urlaubes auf Lanzarote: Als wir eine Straße parallel zur LZ 2 hoch und wieder herunter in einer höheren Geschwindigkeit fuhren, musste ich ihn darauf aufmerksam machen, dass ich nicht gewillt sei, auf Lanzarote zu sterben.

Während ich noch die Straßenkarte studiere, sagt mein Göttergatte: „Hier müssen wir rechts ab." Es ist alles, wirklich alles auf der gesamten Insel, supertoll ausgeschildert. Und ehrlich gesagt, den Fahrstil unserer Mitfahrer, kann ich nicht kritisieren. Also Reiseführer haben auch nicht immer Recht. Gerade als mein Mann sich wünscht, dass auch unser Hotel ausgeschildert ist, steht rechts ein Hinweisschild. Nach weiteren drei Minuten stehen wir auf dem Parkplatz unseres Hotels H10 Rubicon Palace.

An der Rezeption gibt uns eine freundliche Dame unseren Zimmerschlüssel. Sie erklärt uns den Weg zu unserem Zimmer und bietet den Kofferservice an. Wir tragen unseren einzigen Koffer selbst. Aber vorher fragen wir noch nach dem „Privilege Service". Dieser Service beinhaltet so einiges an Zusatzleistungen, wie zum Beispiel: Eintritt in das Spa, Benutzung des großen Fitnessraums (ein kleiner ist kostenfrei), spät auschecken und noch vieles mehr. Dann stellte ich die Zauberfrage: „Bitte, was kostet das extra?" „Fünfzehn Euro pro Person und Tag" antwortet sie freundlich.

Mein Mann sieht mich wieder mit seinem „Ich hab es Dir doch gesagt. Du darfst eines nicht vergessen, das kostet alles ja auch noch Geld." Blick an. Also sage ich, dass wir erst einmal das reguläre All Inklusive testen. Schnell haben wir darauf hin unser hellblaues Bändchen. Die „Privilege Gäste" tragen ein schwarzes Band. Aber wir sollten nur sehr wenige entdecken.

Auf dem Weg zu unserem Zimmer sehen wir schon die ersten grünen Bananenpflanzen, bunt blühenden Kakteen und dunkel grünen Palmen. Aber wir wollen nur schnell in das Zimmer, auspacken und in das Restaurant um zu essen. Also öffnet mein Göttergatte fix die Tür. Es erwarteten uns einige Überraschungen.

Die erste tut sich mir beim Anblick des Badezimmers kund: Zwei Waschbecken. Hübsche kleine Fläschchen mit Shampoo, Bodylotion, ein Kamm, eine Zahnbürste warten auf uns. Ebenso wie eine schöne große Badewanne. Hier hängen auch zwei Bademäntel. Wir gehen weiter durch einen kleinen Flur und kommen in ein kleines Wohnzimmer. Wo ist der Schrank?

Hinter einer Tür entdecke ich einen begehbaren Kleiderschrank. Wie Sie wissen, durfte ich schon in einigen Luxushotels wohnen, aber einen solchen Schrank hatte ich noch nie. Super Cool. Das aufräumen war immer sehr schnell erledigt in dieser Woche.

Das Wohnzimmer ist durch einen großen Durchgang mit dem Schlafzimmer verbunden. Jetzt öffnet mein Mann die Terrassentür. Hier stehen zwei Liegen, zwei Stühle und ein Tisch. Die Terrasse ist zwei Mal so groß wie unsere Küche zu Hause. Dies ist eindeutig, kein Doppelzimmer. Am nächsten Tag lesen wir in den mitgebrachten Beschreibungen nach. Es handelt sich um eine Juniorsuite.

Im Flur entdecke ich, während mein Mann auspackt, ein Willkommensgeschenk mit einer Karte. Das Hotel begrüßt uns herzlich und lädt uns außerdem noch ein, an der Bar eine Flasche

Wein abzuholen. Wir sollen sie zur Begrüßung genießen. Ich sage der Guest Relation am nächsten Morgen, ein herzliches Dankeschön für diese „regalos".

Ab 19.00 Uhr öffnet das Restaurant. Diese Zeit wird empfohlen, wenn das Hotel ausgebucht ist. Ein Teil des Hauptrestaurants befindet sich im linken Teil des Hauptgebäudes, der andere befindet sich im rechten. Ungefähr fünfzehn Tische sind es in jedem draußen. Hier suchen wir uns einen Platz. Wein, Wasser sowie viele andere Getränke gibt es im Restaurant an Selbstbedienungszapfsäulen.

Ein einladender Tisch mit Stofftischdecke und -servietten wartet auf uns. Mein Mann schreitet das Büffet ab. Ich werde erst einmal ein Glas Wein holen. Ich nehme das Glas und will Wein einfüllen. Es klappt nur sehr langsam. Hinter dem Stand steht ein Kellner. Ich zeige ihm den Inhalt meines Glases. Er macht Zeichen und deutet an, dass die Kohlensäure leer ist. Er besorgt neue. Ist ja nicht so schlimm, denke ich. Am anderen Ende des Restaurants habe ich noch eine Säule entdeckt.

Als mir hier das gleiche passiert, gehe ich etwas enttäuscht zu meinem Mann. Er ist schon in Urlaubslaune. Seine üblichen Bezeichnungen, über meine technischen Fähigkeiten, kommen nicht zur Sprache. Er sagt nur: „In die andere Richtung drücken Liebling." Aha. Den aufmerksamen Kellner, habe ich nicht wiedergesehen. Hoffentlich er mich auch nicht.

Dann schreite ich das Büffet ab. Aber nur kurz. Nach einer Minute habe ich geräucherten Lachs entdeckt. Jetzt gibt es kein Halten mehr. Mein erster Gang besteht aus… Sie wissen es. Übrigens auf dem Büffet befindet sich auch gegrillter Lachs. Etwas später entdecke ich eine weitere Variante: Lachs in einer Weißweinsauce.

Das Essen ist einfach nur toll. Wir geben dem Essen fünf Sterne. Das hat es verdient.

Wir genießen den aufmerksamen Service von Hassan. Er kommt aus Marokko, genauer gesagt aus Agadir. Er spricht ausgezeichnet deutsch. Mein Göttergatte lobt das gute Essen und dann werden wir langsam müde. Heute werden wir nicht mehr viel unternehmen.

Wir werden uns einfach nur ein wenig an die Pool Bar setzen Es ist toll. Die Abendluft ist eine sanfte Brise. Leise Musik umspielt uns. Wir unterhalten uns. Dann nehmen wir noch einen Nightcup mit zu unserem Zimmer. Den Wein trinken wir auf unserer Terrasse, herrlich eingekuschelt in unsere Bademäntel.

Dann wartet nur noch unser großes Doppelbett und eine große Müdigkeit auf uns.

Der zweite Tag:
Viertel nach Sieben. Ich schlafe noch. Aber ein Auge habe ich schon halb geöffnet. Ich erblicke meinen Göttergatten bereits mit kurzer Hose und T-Shirt bekleidet. Bevor er zu seinen Schuhen greift, ruft er mir zu: „Frühstück". So stell ich mir einen Morgenappell in einer Kaserne vor. Dies Spiel macht er ab jetzt jeden Morgen mit mir. Na ja, zugegebenermaßen, wenn Sie draußen frühstücken möchten, sollten Sie um halb acht im Restaurant sein.

Das Frühstück: Mein Lieblingsfrühstück ist ein Omelett. Frisch zubereitet mit Tomaten, Käse und Zwiebeln. Die Alternative dazu ist eine Scheibe Wurst, darüber eine Scheibe Annanas, dann folgt ein Spiegelei und darauf noch eine Scheibe Käse. Aber das bitte nur, wenn es kein Omelett gibt. Ich würde auch zum Frühstück geräucherten Lachs essen. Aber da es hier soviel Fisch gibt, mittags und abends, entscheide ich mich gleich am ersten Morgen für Omelett.

Showcooking: Jeden morgen gibt es frisch zubereitete Omeletts nach Wunsch, sowie Spiegeleier und auch noch frische Pfannkuchen. Hinter dem Tresen steht Danny. Er sieht für mich wie ein Navajo Indianer aus. Die ganze Woche überlege ich mir wie „mein" Indianer auf Lanzarote gelandet sein könnte.

Also es war so: Columbus hatte eine Geliebte auf Gomera. Diese besuchte er immer wieder. Eines Tages beschloss er Indien zu entdecken. Er brach auf. Aber er entdeckte Amerika mit wunderhübschen Mädchen. In eines verliebte er sich. Er nahm sie mit auf die Rückreise. Da er seiner Geliebten nicht in die Augen sehen wollte, landete er nicht auf Gomera. Aber er musste Wasser und Vorräte auffüllen. Also steuerte er Lanzarote an. Das Mädchen schlich sich von Bord, weil es auf keinen Fall weiter auf einem Schiff fahren wollte. Sie ahnen es, sie war die Ur- Ur- Urgroßmutter von Danny.

Nein ernsthaft, so könnte es doch gewesen sein. Jedenfalls traue ich mich nicht Danny zu fragen. Unsere Unterhaltungen beziehen sich nur auf das Omelett. Zur Vorsicht möchte ich eines unserer Gespräche aufführen: „Good morning! May I have an Omelett please. Tomato, cheese and onion please. Thank you." „Please, good appetite." Nach einem Tag weiß er, dass ich mein Omelett medium möchte. Da er alleine ist, muss er sich um die Spiegeleier kümmern und auch um die Pfannkuchen. Mein Omelett ist etwas brauner als mittel. Mich hätte das nicht gestört. Aber Danny. Er wirft es weg und macht mir ein Neues. Bei so vielen Gästen finde ich das ganz schön erstaunlich. Mein Göttergatte pflegt in solchen Situationen zu sagen: „Liebling, man vergisst Dich nicht so leicht."

Was mir gleich am ersten Tag auffällt ist, dass es im Hotel nirgendwo Tippboxen gibt. Danny hätte ich sehr gerne Danke gesagt, aber manchmal gibt es Situationen, bei denen selbst ich das Handtuch werfe. Was hätte ich auch sagen sollen: „Hallo mein Navajo Verwandter, darf ich mich bei Ihnen bedanken mit einem Trinkgeld."

Auf Lanzarote gibt es übrigens genügend Krankenhäuser. Die haben bestimmt auch geschlossene Abteilungen. Aber bei allem Entdeckergeist, den ich gerne an den Tag lege, nein Danke. Bei der Gelegenheit fällt mir wieder ein, dass ich meinen Zahnarzt verklagen will. Ach, Zahnärzte, deutsche, englische sogar spanische gibt es auch auf Lanzarote. Dank der Apotheke, wo ich mir Tabletten gegen Zahnschmerzen kaufen konnte, waren meine Qualen und die meines Göttergatten, halbwegs erträglich.

In den ersten Nächten wachte ich regelmäßig um zwei Uhr dreißig auf. Vor Schmerzen weinend weckte ich meinen Mann. Da ich ohne Linsen fast blind bin, musste er mir eine Tablette mit Wasser geben. An den folgenden Abenden beugte ich vor und nahm die Tablette vor dem Schlafengehen. Die Schmerzen hörten erst wieder zu Hause auf.

Eine Woche Urlaub in einem Viersterne Hotel mit einer Fünfsterne Küche und dann jeden Tag Zahnschmerzen. Was will ich mehr? Meinen Zahnarzt verklagen. Andererseits habe ich ihm ein Geschenk zu verdanken. In der Apotheke stand auf dem Regal, einer französischen Kosmetikfirma, eine große Tasche mit dem Vermerk „Kauf 2 – regalo". Mein Mann wollte, dass ich mir etwas aussuche. Er weiß, wie sehr ich Geschenke liebe. Eine Lotion und ein Körperspray später, war ich stolze Besitzerin einer neuen Tasche. Danke lieber Zahnarzt.

Ich hielt meinen neuen Zahnarzt für einen Türken, in Wirklichkeit ist er ein attraktiver Grieche. Wenn ich es mir so richtig überlege, möchte ich ihn doch verklagen. Aber da ich nicht in den United Staates lebe, ist das sicherlich nicht möglich. Ich muss das unbedingt einen Freund fragen, der ist Rechtsanwalt.

Es gibt das Recht und den Glauben daran. Das Gegenteil von Glauben ist Aberglauben. Kann man das so sagen? Egal, ich bin abergläubisch. Wir frühstücken sehr ausführlich und lange. In der Hotelanlage gibt es sehr viele Katzen. Unter anderem eine hübsche schwarze. „Von rechts nach links, Glück bringt s, von links nach rechts, was schlecht s. " Manchmal starre ich diese Katze solange an, bis sie auch ja in die richtige Richtung läuft. Meine Hypnose klappt in den letzten Tagen ganz gut.

Aber das ist nicht das einzige, was diese hübschen kleinen Tiere ertragen müssen. Die vielen Kinder machen sich einen Spaß daraus die Katzen zu jagen. Oder schlimmer noch, wenn sie sie erwischen, ziehen sie an den Schwänzen.

Während ich eine stille Unterhaltung mit der schwarzen Katze führe, widmet sich mein Mann einem Croissant mit Butter. Endlich ist sie in die richtige Richtung gelaufen. Jetzt kann die Planung für heute losgehen. In Teguise, der ehemaligen Inselhauptstadt, soll es sonntags einen Markt geben. Es handelt sich um den größten auf den kanarischen Inseln. Da wollen wir hin.

Mit unserem Opel Corsa umfahren wir zunächst wieder Yaiza (Ein hübscher kleiner Ort mit lauter weißen Häusern, den typischen grünen Fensterläden und überall stehen verstreute große Palmen.) Dann erreichen wir La Geria, das Weinanbaugebiet.

Glänzender tief schwarzer Lava Boden erwartet uns. Bei wechselndem Licht schimmert er auch bläulich. Um jede kleine

Weinpflanze ist eine Mauer aus Lavasteinen gebaut. Damit wollen die Bauern den Wein, sowie die vielen teilweise riesig erscheinenden Kakteen, vor dem hier fast immer wehenden Wind, schützen. Hier gibt es auch ein Weinmuseum. Der Eintritt beträgt vier Euro. Mit einer Weinprobe sind es sechs Euro pro Person. Für eine Weinprobe ist es noch zu früh und nur das Museum? Nein Danke.

Also weiter geht es zum Monumento al campsesino. Das Denkmal wurde von Cesar Manrique entworfen. Die strahlend weiße Skulptur ist fünfzehn Meter hoch. Sie wurde aus Wasserfässern abgewrackter Schiffe hergestellt. Es sollte den hart arbeitenden Landarbeitern zur Ehre gereichen. Da es sich um eine sehr abstrakte Figur handelt, hat das leider nie geklappt. Wir schießen ein paar Photos und weiter geht es in Richtung Teguise.

Es ist eine geruhsame hübsche Stadt: Kleine Häuser, überall grüne Fensterläden, typische kanarische Holzbalkone. Aber am Sonntag erwacht unsere Schöne aus ihrem Wochenschlaf. Dann ist Markttag. Am Stadteingang gibt es die ersten Parkplatz Schilder, mit dem Hinweis, wie weit der Markt noch entfernt ist. Wir nehmen nicht den am weitest entfernt gelegenen. Die Parkgebühr beträgt für die ganze Dauer einen Euro.

In allen Straßen und Gassen haben Händler ihre Stände aufgebaut. Gestickte Tischdecken ab zehn Euro, neben Armbändern im Pandora Stil für fünf Euro, glänzenden Rolex – Uhren (Verhandlungssache), neben Thüringer Bratwurst, die besten Fish and Chips, gibt es auch einheimischen getrockneten Fisch oder Wein zu probieren. Ich kaufe mir eine Tischdecke mit sechs Servietten. Danach ein Armband im Pandora Stil, aber mit dem hübschen Farbigen muss ich verhandeln. Die echte Rolex soll fünfundvierzig Euro kosten. Nicht mit mir. Bei zwanzig Euro bin ich dabei. Für meinen Mann habe ich noch nichts entdeckt. Doch da: Einheimische Schmalzkugeln neun für drei Euro. Mein Spanisch reicht aus um der Verkäuferin zu sagen, dass ich gerne weniger hätte. Sie versteht mich und ich bezahle. Leider schmecken ihm die länglichen Kekse nicht. Seine Beschreibung reicht aus, so dass ich sie gar nicht erst probiere.

Wir machen eine Pause am Marktplatz und lauschen einer kanarischen Folkloregruppe. Danach gehen wir langsam zurück zum Parkplatz. Es tummelt nur so von Händlern und Besuchern.

Plötzlich öffnet sich ein grüner Fensterladen. Wir sehen zunächst ein riesiges Saxophon. Danach erscheint in diesem Fenster ein Mann. Er fängt an zu spielen. Wir bleiben stehen. Ein tolles Bild! Seine Musik klingt super.

Unser Opel Corsa wartet sicher auf seinem Parkplatz. Wir fahren ganz gemütlich zu unserem Hotel zurück. Die Fahrt dauert nur ungefähr eine Stunde. Nachdem wir unsere Einkäufe noch einmal bestaunt haben, gönnen wir uns eine Poolstunde und ein Sonnenbad.

Auch an diesem Abend fällt es mir schwer mich zu entscheiden, was ich denn essen möchte. Es gibt unter anderem Adlerfisch, Roastbeef und eine Fischplatte. Diese ist die Empfehlung des Chefs. Hassan umsorgt uns wieder mit seiner stillen Eleganz.

Später sitzen wir beide wieder an der Pool Bar und erzählen. Es herrscht ein warmes Licht und ein sanfter lauer Wind begleitet uns.
Der dritte Tag:
Heute will mein Mann nach dem Frühstück zum Bogenschießen. 10.30 Uhr soll es losgehen. Ich besorge mir einen Milchkaffee und begleitete ihn. Zunächst sind wir alleine.

Mein Mann inspiziert die Anlage. Eine Scheibe in zehn Meter Entfernung. Eigentlich wollte er ja seinen Bogen mitnehmen. Aber die Anfrage vor Anreise in das Hotel hatte ergeben, dass Bogenschießen nur mit einem Animateur und auch nur dienstags und donnerstags stattfinden würde.

Da hatte mein Mann schon orakelt: „Da stehen dann zwanzig Betrunkene und zehn Kinder und schießen alle auf eine Scheibe. An einem Tag benutzen sie den Bogen am nächsten das Luftgewehr."

Tatsächlich sind es ungefähr zwanzig Erwachsene sowie zehn Jugendliche, die in den nächsten Minuten noch eintreffen. Auch ein Animateur ist da und noch ein Anheizanimateur. Hier wird nicht in Ruhe sportlich geschossen, sondern jeder Schuss, der die Scheibe trifft, wird beklatscht.

Da mein Mann als erster eingetroffen ist, kommt er auch als erster auf die Liste. Er darf drei Mal schießen mit einem Rechtshändler Bogen und ohne Visier. Oh je, mein ehrgeiziger Mann. Er tut mir so richtig leid. Gott sei Dank, habe ich ja meinen Milchkaffee. In den blicke ich verlegen, als er gerade einmal die Scheibe trifft. Der reihe nach schießt jetzt Mike, dann Tom. Gerade rechne ich mir aus, wie lange es dauern wird, bis mein Mann noch einmal schießen darf. Da geschieht etwas, was noch nie passiert ist.

Mein Göttergatte gibt auf. Er sollte in dieser Woche nie wieder Bogenschießen. Mit Sport hat das nichts zu tun. Es ist eher als Spaß gedacht. Das ist natürlich für meinen erfahrenen Göttergatten nicht geeignet.

Aber auch ich mache ein wenig später, genauer gesagt 11.15 Uhr, meine sportliche Erfahrung. Mit welchem Ergebnis?

Mein Mann begleitet mich zum Pool. Gleich geht die Wassergymnastik los. Vorsichtshalber gehe ich frisch geduscht schon einmal in den Pool. Es ist zwar noch niemand zu sehen, aber bestimmt geht es gleich los. Mein Mann sucht sich eine gemütliche Liege aus. Er sieht vorsichtshalber erst mal zu.

Die Animateurin kommt nur fünf Minuten zu spät. Hallo, wir sind in Spanien! Ungefähr dreißig Frauen und Männer, spanischer Herkunft, gesellen sich an den Beckenrand. Die Animateurin sieht meine erstaunten Blicke bei ihrer spanischen Ansage. Mein Spanisch reicht nicht aus um sie zu verstehen. Also spricht sie auch Englisch. Das verstehe ich auch nicht so richtig, aber da ich ja Expertin bin, mache ich einfach mit.

Eines sollte mich stutzig machen, sie zählt nicht. Normalerweise werden alle Übungen sieben oder acht Mal wiederholt und abgezählt. Dann macht sie Gesten, dass wir alle an den anderen Rand des Pools rennen sollen. Was ich nicht verstehe ist, entweder der Gewinner oder der Verlierer, bekommt ein Huhn. Während ich mich noch frage, was ich mit einem Huhn soll, renne ich los. Ja, auch ich bin ehrgeizig, bei den Dingen, die ich kann. Weglaufen gehört dazu.

Neben mir strengt sich ein Spanier besonders an. Aber er hat nicht mit mir gerechnet. Ich kämpfe verbissen und gewinne. Sofort starre ich in Richtung Göttergatte. Hat er meinen Sieg bemerkt? Er liegt auf seiner Liege. Genüsslich betrachtet er das Pooltheater durch seine Sonnenbrille. Ich will ihm noch zurufen: „Liebling, ich habe gewonnen.", als ich bemerke, dass alle wieder zurück rennen.

Jetzt heißt es durchstarten. Schließlich will ich gewinnen, egal was für ein Huhn oder sonstige Trophäen, ich gewinnen werde. Wieder bin ich die schnellste. Dann folgen plötzliche Diskussionen im Pool auf Spanisch. Wieder verstehe ich kein Wort.

Dann steigt eine ältere Dame aus dem Wasser. Ich denke noch, wie gemein. Ich war doch die schnellste. Es ist eine hübsche Spanierin. Doch jetzt gackert sie wie ein Huhn und macht auch solche Bewegungen. Alle anderen lachen. Ich finde das nicht lustig. An dieser Stelle hätte ich, wie mein weiser Göttergatte, beim Bogenschießen, aufgeben sollen.

Aber nein, ich mache weiter Verrenkungen, die nichts mit Wassergymnastik zu tun haben. Doch, die am Pool stehenden und liegenden Urlauber, amüsieren sich. Zum Abschluss bilden wir einen Kreis. Jeder hakt sich beim anderen unter. Wir sollen mit den Beinen, soviel wie möglich Wasser, hoch spritzen. Vorher werden wir in Teams eingeteilt, eines soll gewinnen. Wie blöd, denke ich noch. Das sollte sich noch bewahrheiten.

Mein gegnerisches Team besteht aus lauter Männern. Die spritzen, was sie können. In letzter Sekunde drehe ich meinen Kopf zur Seite. Aber es erwischt voll mein rechtes Ohr. Ab jetzt kann ich nichts mehr hören auf diesem Ohr. Endlich ist die Gymnastik, nennen wir es mal so, vorbei.

Ab jetzt mache ich meine eigene Wassergymnastik. Stört eh keinen, die anderen Gäste gucken höchstens neidisch, weil ich das (ohne anzugeben) höchst professionell angehe.

Heute ist nichts mehr mit mir anzufangen: Zahnschmerzen und auch noch taub auf einem Ohr. Ich kann mich weder mit lesen (Das Hotel hat einen riesigen Schrank voller Bücher in allen Urlaubersprachen.) noch schreiben, ablenken. Richtig unleidlich bin ich an diesem Tag.

Vielleicht hilft essen? Wir gehen zur Pool Bar: Hier gibt es rund um die Uhr einladende Snacks und Kuchen. Nachmittags trinken wir unseren Milchkaffee. Danach spazieren wir ein wenig durch die

Hotelanlage. Sie wirkt wie ein kanarisches Dorf. Zwischen den kleinen Häusern finden Sie gepflegte Gärten mit großen Kakteen und viele andere blühende Pflanzen zum Beispiel Geranien. Überall gibt es kleine saubere Plätze mit Bänken zum ausruhen. Aber eine gewisse innere Unruhe verlässt mich an diesem Tag nicht.

Der vierte Tag:
Langsam höre ich wieder etwas mit meinem rechten Ohr.

Zwei Dinge sind mir in unserem Hotel negativ aufgefallen. Erstens: Es gibt zu wenige Toiletten. Für das ganze Restaurant gibt es genau zwei Damentoiletten. Was ich nicht in Erfahrung bringen konnte, ist, ob spanische Damen, vielleicht nur die Toiletten in ihren Zimmern benutzen.

Zweitens: Wasser! Sie können zwar an der Pool Bar, sowie im Restaurant Wasser, im geschilderten Selbstbedienungsverfahren, in Gläsern abfüllen. Aber Wasser in Flaschen, müssen Sie kaufen und bezahlen. Hier kam nun die Stunde meines Mannes. Hatte er nicht gesagt, dass so eine Wasserflasche noch etwas wert wäre? Ich füllte diese Flasche immer wieder an der Zapfsäule auf. Natürlich trug ich diese auch überall mit hin. An unserem letzten Tag tanze ich vor meinem Mann die Treppe hinauf zu unserem Zimmer. Ich singe: „Ich habe die Wasserflasche getragen." Mein Mann hielt diesen denkwürdigen Moment mit seiner Filmkamera fest.

Nach einem ausführlichen Frühstück fahren wir los. Der Jardin de Cactus ist unser erstes Ziel. Wir halten auf dem ziemlich großen Parkplatz, wo uns eine riesige Kaktee erwartet. Sie ist ein beliebtes Photomotiv. Links und rechts können wir große Felder sehen. Überall sind grüne Kakteen auf blauschwarz schimmernder Lava Erde zusehen. Der Garten ist zwar Caesar Manriques letztes Werk, aber der Eintritt von ungefähr fünf Euro pro Person ist uns (ich betonte uns) doch zu teuer.

Wir steigen wieder in unseren Opel Corsa. Es geht weiter nach Orzola, ein kleines, verträumtes Fischerdorf. Von hier aus fahren die Fähren nach La Graciosa. Am Hafen gibt es einige kleine Restaurants. Der Fisch soll hier sehr frisch sein. Da ich aber Appetit auf Käsewürstchen habe, suchen wir einen Supermarkt. Am Ortsausgang finden wir sogar zwei.

Wir kaufen Meersalz und bezahlen für fünfhundert Gramm fünfundzwanzig Cent. Ein schönes Souvenir. Dann erstehen wir noch Würstchen und Chips für mich. Für meinen Mann kaufen wir Brötchen und Wurst.

Zunächst haben wir noch keinen Hunger. Also auf zu unserem nächsten Besichtigungspunkt: Der Mirador del Rio. Er war das erste Bauwerk von Caesar Manrique. Vom verglasten Restaurant und einer schmalen Plattform aus, haben Sie einen tollen Blick auf La Graciosa. Tief unten sehen Sie die Salzpfannen einer ehemaligen Saline. Da der Eintritt vier Euro beträgt, beschließen wir, dass nur mein Mann hinein geht. Er will ein paar Photos schießen.

Ich gehe, ungefähr hundert Meter links vom Aussichtspunkt, die Straße hinunter. Hier genieße ich einen kostenlosen Blick auf La Graciosa. Da es sehr windig ist, bin ich schnell wieder am Auto. Ich setze mich hinein. Als ich gerade in das erste Würstchen beiße, ist mein Göttergatte auch schon zurück.

Unser nächstes Ziel ist Haria. Auf dem Weg dahin sei ein zweihundert Jahre altes Weingut, so sagt unser Reiseführer. Von außen ist es ein schönes altes Haus, von innen eher restaurierungsbedürftig. Es wird ein kurzer Besuch.

Vor der Bodega machen wir ein Picknick, denn jetzt hat uns beide der Hunger erwischt. Ungefähr um die Kaffeezeit kommen wir in Haria an. Schnell haben wir ein Restaurant entdeckt. Wir trinken unseren Milchkaffee. Der ist hier wirklich nicht teuer. Für eine Tasse zahlen wir gerade mal einen Euro und fünfzig Cent. Der Besitzer ist sehr nett. Er erklärt uns wie wir zum Mirador Haria kommen. Haria wird als das Tal der tausend Palmen bezeichnet. Überall, verstreut in diesem Dorf, finden Sie einzeln stehende Palmen. Traumhafte Blicke belohnen den Betrachter: Unzählige dunkelgrüne Palmen, schwarze Erde, weiße kleine Häuser, gekrönt von einem blauen Himmel.

Unser Reiseführer hat wieder einen besonderen Tipp: Das Tabayesco Tal.
Zwischen Haria und Arieta soll es liegen und das steilste, fruchtbarste und daher das reizvollste sein. Hier sollen auf Terrassenfeldern Feigen, Mandeln, Zwiebeln, Kartoffeln und Paprika angebaut werden. Es soll geradezu majestätisch wirken.

Wir fahren die steile Straße. Aber wir erhaschen nur flüchtige Blicke in das Tal. Es ist nicht grün. Liegt es daran, dass die Straße sich atemberaubend windet? Oder eigentlich nur eine Fahrspur hat? Oder sehen wir wirklich keine Anpflanzungen? An der ersten Möglichkeit drehen wir. Besser die Hauptstraße lebend erreichen, als vielleicht nicht vorhandenes Grün zu entdecken. So lautet unsere Devise.

Auf der Rückfahrt passieren wir wieder Teguise. Dies mal ohne Markt. Die hübsche Stadt scheint im Winterschlaf zu liegen. Sie ist wie ausgestorben. Am Ortsausgang liegt hoch auf einem Berg das Castilo Santa Barbara. Es sollte die Bewohner vor Piraten schützen. Aber die Bessersituierten ließen damals die einfachen Landbewohner nicht hinein.

Heute biegen wir in Yaiza einfach mal ab. Bisher haben wir das Dorf nur umfahren. Hier vor einer Kirche entdecke ich nun endlich auch einmal einige Landbewohner. Meine Campesions sitzen vor einer kleinen Kneipe gleich neben der Kirche. Als ich frage, ob ich ein Photo machen darf, springt gleich einer auf. Er dachte, er solle mich fotografieren. Ich sehe sein Erstaunen, dass nicht ich, sondern sie, die campesions, mein Motiv sind.

Von Yaiza ist es nur ein Katzensprung zurück bis in unser Hotel.

Es ist neunzehn Uhr. Das Restaurant ist noch nicht geöffnet. Diese typische deutsche Sitte vor der Tür zu warten, hasse ich eigentlich. Aber wenn wir draußen sitzen wollen, dann müssen wir jetzt warten. Eine Menschenschlange bildet sich draußen vor der Tür. Drinnen hinter der Glastür wirbeln Kellner herum.

Ob sie aus dem Augenwinkel die wartenden hungrigen Urlauber sehen? Der Oberkellner ruft sie jetzt alle zusammen. Er blickt kurz hinaus und dreht sich zu seinen Untergebenen. Wir stehen in der ersten Reihe vor der Tür. Ich sehe, wie er sich bekreuzigt, bevor er die Tür öffnet. Ich möchte nur draußen sitzen, sonst bin ich sehr nett. Das würde ich ihm gerne sagen. Für mich brauchen Sie Gottes nicht. Aber da sind ja auch noch die anderen Gäste.

Heute Abend hat es sich eine kleine Familie am Nachbartisch gemütlich gemacht. Papa, Mama und ein kleiner Junge. Während Papa etwas zu trinken besorgt, sitzen Mama und Kind am Tisch. Sie warten. Dem kleinen ist die Wartezeit vielleicht etwas zu lang, ergo er protestiert.

Er haut mit einem Löffel auf den Tisch. Die Mama lächelt ihren Sprössling liebevoll an. Mein Mann sieht die vielen kleinen bösen Sternchen in meinen Augen. Nach gefühlten fünf Minuten, beschließe ich, das Kind in mir zum Leben zu erwecken. Ich nehme meinen Löffel und haue ebenfalls auf den Tisch ein. Mein Mann lächelt mich nicht liebevoll an sondern eher peinlich berührt. Aber ich habe Erfolg. Wenigstens für eine kleine Weile hört der Knabe auf.

Aber ihm scheint das Spiel zu gefallen. Er wiederholt es diverse Male. Ich natürlich auch. Mein Mann holt sich dann immer ganz schnell was zu essen.

Cindy, aus M., mag ja bekanntlich kleine Kinder. Am liebsten gegrillt, wie sie sagt. Damit meint sie sicherlich ungezogene penetrante kleine Ungeheuer. Hier liebe Cindy, würdest Du ein wahres Grill Buffet Paradies vorfinden. Aber es sind Ferien, wo sollen denn die lieben Eltern mit ihren Kindern hin?

An diesem Abend, an der Pool Bar, sage ich zum ersten Mal in meinem Leben: „ Ich bin froh, dass wir keine Kinder haben."

Der fünfte Tag:
Mittwochs und samstags ist Markttag in Playa Banca. Der Markt findet an einem gepflegten kleinen Hafen statt. Hier geht es ruhiger und beschaulicher zu als in Teguise. An einem der ersten Stände entdecken wir Hans. Nein, er heißt nicht wirklich Hans. Aber er sieht einem Bekannten mit diesem Namen sehr ähnlich. Dieser hier verkauft Uhren. Ich entdecke eine Cartier Uhr für fünfzehn Euro. Aber wer kauft denn gleich am Anfang? Erst einmal eine Zigarette rauchen. Wir spazieren gemütlich weiter. Die Stände, mit den angebotenen Waren, sind ähnlich wie in Teguise. Mein Mann hat noch immer kein Geschenk bekommen.

Doch schon sieht er wieder etwas für mich: Magnetketten und Armbänder. Er sucht mir gleich mal zehn Ketten aus. Wieder zurück bei Hans, frage ich ihn, ob der Preis für die Uhr verhandelbar sei. Er sieht so Deutsch aus, tatsächlich antwortet er auch auf Deutsch. Zwölf Euro bräuchte er schon. Na bitte, drei Euro gehandelt, die Uhr gehört mir.

Es ist halb elf als wir den Markt verlassen. Wir steigen in unseren Opel Corsa. Gemütlich fahren wir wieder die LZ 2 entlang, bis wir abbiegen müssen auf eine kleine Küstenstraße. Unser nächstes Ziel ist Los Hervideros.

Hier brechen sich die hoch ankommenden Wellen an Vulkanklippen. Im Laufe der Jahrhunderte haben sie zwei Höhlen geschaffen, an denen die Gischt hoch aufschäumt. Auf einem weit im Meer gelegenen Felsbrocken sehen wir einen einsamen Fischer. Neben einigen anderen Touristen beobachten wir eine Weile die stolzen Wellen und die Kraft des Wassers. Dann geht es auf zum Lago Verde.

Bei unserer nächsten Reise werde ich meinen Liebling bitten, mich daran zu erinnern, richtige Schuhe einzupacken. Dies Mal habe ich Pumps für die nächtlichen Shows (Leider haben wir nicht eine gesehen.) Badelatschen (Die ich aus Erfahrung nie wieder vergessen will.) und ein paar Sandalen dabei.

Noch nie habe ich Ausflüge in Badelatschen unternommen. Aber von meinem Schuhwerk waren sie noch am geeigneten. Also stolziere ich jetzt über Lava Treppen höchst undamenhaft herum. Der Weg ist nicht wirklich steil, aber er besteht jetzt aus Schottererde.

Aber meine höchst unansehnliche Art zu gehen wird belohnt. Wir sehen eine hellgrün leuchtende Lagune am Rande eines Halbkraters. Der salzhaltige halbmondförmige See wird durch einsickerndes Meerwasser vor dem Austrocknen bewahrt. Es ist ein wunderschönes Farbenspiel. Die sanftgrüne Lagune, davor ein Sandstrand, der wie blauschwarz angemalt aussieht.

In der Nähe der grünen Lagune gibt es den Ort El Golfo. Dieser befindet sich ungefähr sieben Kilometer nordwestlich von Yaiza. Ein ruhiger verträumt wirkender Fischer Ort mit einigen kleinen Fischlokalen. Strom und Telefonleitungen gibt es hier erst seit 1995.

Bei unserer Weiterfahrt passieren wir wieder Yaiza. Wir fahren nördlich zum Timanfaya Nationalpark. Die Straße zum Park führt vorbei an Lava Feldern. Links und rechts sehen Sie nur noch Lava Felder, mal nur tiefschwarze Erde, dann wieder einen Ascheberg, an dem nur ein grüner Strauch erwächst. Die Szenerie wirkt befremdlich. Die Farben sind beeindruckend aber auch schauerlich schön. Zwischen 1730 und 1736 haben hier die Vulkane getobt.

Wir kommen an einen Parkplatz. Hier gibt es Busse, mit denen die Gäste, über eine Straße durch das Gebiet gefahren werden. Musik unterstreicht die Dramatik, der die Bewohner damals ausgesetzt sein müssen. Da wir beide das schon erlebt haben, beschließen wir, dass wir weiterfahren zum nächsten Ort Tinajo.

Es handelt sich um einen kleinen Ort, der am Rande der Lava Felder entstanden ist. Hier sehen wir die ersten grünen Felder, wieder mit Kakteen und Wein. Auch dieser Ort wirkt sehr ruhig, so dass wir keine Pause machen, sondern zurück durch die Lava Felder in Richtung Yaiza fahren.

Auf unserem Rückweg sehen wir zunächst nur schwarze Lava Steine. Aber plötzlich sehen wir Ascheberge, die wie rosa angemalt aussehen. In der Ferne erblicken wir die ersten hellbraunen Punkte. Beim Näherkommen identifizieren wir sie als Kamele. Am Parkplatz halten wir an. Ganze Karawanen von Kamelen sehen wir.

Auf ihnen sitzen unzählige Touristen. Fotografieren möchte ich das ganze, aber keinesfalls teilnehmen an diesem Abenteuer.

Wir fahren zurück zu unserem Hotel. Es wird ein schöner Abend. Wir sitzen draußen im Restaurant. Das Essen ist wie immer fantastisch lecker. Heute Abend nimmt mein Man sein Laptop mit. Er möchte dem netten Kellner an der Pool Bar zeigen, wie viel Ähnlichkeit, dieser mit einem deutschen Komiker hat. Wir nennen ihn Marcus. Er lacht. Dann fragt er, ob wir seinen Bruder fotografiert haben.

Der sechste Tag:
Ich habe mir gewünscht nach Arrecife zu fahren. Ich möchte die kleine Pension, in der ich mal gewohnt habe und das Gran Hotel wiederfinden. Die Pension gibt es nicht mehr. Das Gran Hotel schon. Es ist das einzige Hochhaus auf Lanzarote. Aber so beeindruckend, wie vor vielen vielen Jahren finde ich es, zumindest von außen, nicht mehr.

Arrecife ist eine Großstadt geworden. Aber liebevoll gepflegt mit einer imposanten Uferpromenade und vielen Palmen. Nur angucken, nicht anhalten, reicht mir.

Mein nächstes Wunschziel ist die Costa Tequise. Aufgeschütterter Sandstrand mit Hotelanlangen, an deren Planung Manrique beteiligt war. Überall säumen grüne Palmen die Straßen. Wir passieren zwar weitläufige Anlagen, aber sie sind nie höher als eine Palme. Alle Häuser sind weiß angestrichen. Ach, ich liebe diese Straßenlaternen. Caesar Manrique soll sie entworfen haben. Mich erinnern sie an Gaslaternen aus dem mittelalterlichen London.

Ich sehe auf der linken Seite das Hotel Lanzarote Gardens. Hier habe ich schon einmal gewohnt und es unzählige Male verkauft. Es ist ein hübsches Appartement Hotel für Familien und auch für

Paare. An der Rezeption werden wir freundlich begrüßt. Das Lanzarote Gardens gehört auch zur H10 Kette. Wir spazieren durch die Anlage und dürfen einen Milchkaffee trinken.

Derartig gestärkt fahren wir weiter in Richtung Playa de los Pocilios. Auch hier habe ich eine Empfehlung für eine Bungalow Anlage. Es ist das Hyde Park Lane. Mein Göttergatte bleibt im Auto. Auf einer Terrasse entdecke ich ein älteres Paar. Schnell stelle ich mich vor. Während ich noch frage, ob ich mir ihr Appartement mal ansehen dürfte, öffnet Lilly schon die Terrassentür.

Es handelt sich um ein nettes älteres englisches Paar. Sie sind Stammkunden in der Anlage. Das Appartement ist nett eingerichtet. Typisch kanarische Farben erwarten mich. Die Dame entschuldigt sich, dass nicht aufgeräumt sei. Mit einem: „Thank you, enjoy your stay" entschwebe ich winkend.

Das Hyde Park Lane sowie das Lanzarote Gardens kannte ich. Aber das Hotel Los Jameos Playa, mein nächster Programmpunkt, kenne ich nicht. Ich hatte es unzählige Male in den Reisekatalogen gesehen. Da es mir so gut gefallen hat, habe ich es so gerne verkauft, beziehungsweise meinen Schülern empfohlen.

Die kleinen weißen Häuser, blauweiße Balkone und Fliesen, dunkelgrüne unzählige Palmen in der Anlage, hatten mich in den Katalogbeschreibungen angelockt. Den beigefarbigen Sandstrand erreichen Sie, wenn Sie die Uferpromenade überquert haben. Wir werden vom Hotelmanager persönlich begrüßt. Ein weiterer Manager führt uns herum. Das Hotel ist mein wahr gewordener Katalogtraum.

Mein Göttergatte möchte kein weiteres Hotel besichtigen. Er hat ja Recht! Wir haben ja eigentlich Urlaub. Langsam brechen wir zu unserer Rückfahrt auf.

Ein schöner Abend wartet auf uns. Wir lassen ihn wieder ausklingen in unseren Bademänteln eingekuschelt. Es weht eine leichte Brise. Wir erzählen uns in den Schlaf.

Der siebte Tag:
Wie Sie bereits wissen, waren wir beide diverse Male auf Lanzarote. Aber eines kannten wir noch nicht: Die Papgayo Strände. Dorthin soll es heute gehen beziehungsweise wir fahren. Zu Fuß ist es uns zu weit.

Vorher machen wir einen kleinen Abstecher zur Guest Relation. Da wir erst um 16.55 Uhr am nächsten Tag fliegen, möchten wir unser Zimmer nicht um 12.00 Uhr verlassen. Die Dame verweist uns an die Rezeption. Dort treffen wir Jeffrey.

Er überlegt. Dann erklärt er uns, dass jede Stunde, die wir länger im Zimmer bleiben würden, uns zehn Euro kosten würden. Normalerweise diskutiere ich oder ich verhandele. Aber ich denke einfach nur, der spinnt doch. Wir lassen uns eine Reservierung für einen Duschraum geben, die kostet nichts.

Wir besteigen unser lieb gewordenes Auto und fahren cirka fünf Kilometer in östlicher Richtung. Dann erreichen wir die Einfahrt zu den Papagayo Stränden. Es ist ein Naturschutzgebiet. Der Eintritt kostet drei Euro pro Auto. Wir bezahlen prompt. Erst danach dürfen wir eine Schotterpiste entlang fahren. Dann sind wir da. Die einzelnen Strände sind sehr gut ausgeschildert. Am Parkplatz der Playa de Mujeres halten wir an.

Von Oben blicken wir auf eine schöne Sandbucht. Nach gefühlten fünfzehn Minuten steilen Abstiegs sind wir am berühmten Strand. Die Zigarettenkippen eines Tages liegen hier verstreut. Der Sandstrand ist für mich nicht weiß, wie versprochen, sondern hellbeige. Ich finde es hier nett, aber nicht so traumhaft, wie der Reiseführer es anpreist. Wir setzen uns in den lauwarmen Sand, um die kleinen Wellen zu sehen, die hier sanft auf das Ufer treffen. Ein wenig melancholisch zähle ich die anderen Touristen, die es hier hin verschlagen hat. Mit uns sind es sechzehn. Wenn ich dachte, dass der Abstieg in die Bucht, schwierig war, sollte mich der Aufstieg eines besseren belehren.

Heute wollen wir einen Ruhetag machen. Da es uns an den Papagayo Stränden nicht so gut gefallen hat, kehren wir in unser Hotel zurück.

Es ist besonders windig. Die Liegen und Sonnenschirme fliegen durch die Luft. Trotzdem wagen wir uns ein letztes Mal in den großen Pool. Doch wir entscheiden uns lieber dafür, uns vor dem Wind in Sicherheit zu bringen. Unsere Terrasse ruft uns.

Wenn ich Ihnen von einem weiteren traumhaften Abendessen erzähle, platzen Sie vor Neid. Daher unterlasse ich es an dieser Stelle.

Siebter Tag:
Ein letztes Frühstück. Ein letztes Sonnenbad am Pool. Kofferpacken. Auf zu Jeffrey an die Rezeption. Er gibt uns Karten für die Duschräume. Eine für die Dame, eine für den Herrn. Jetzt sind wir gepflegt für den Rückweg. Wir geben die Karten wieder ab.

Jeffrey nimmt sie huldvoll entgegen. Aber er fragt nicht, wie es uns gefallen hat, wünscht uns keine gute Heimreise oder ähnliches. Wir trinken einen letzten Kaffee an der Haupt Bar. Ein stiller Abschied. Schade.

Den Weg zum Flughafen findet mein Mann im Schlaf. Nein, er hat nicht geschlafen, nur innerlich unser „Regalo" Revue passieren lassen. Der Mietwagen ist genau so schnell abgegeben, wie wir ihn bekommen haben. Dann stehen wir in einer langen Schlange um unseren Koffer aufzugeben. Die netten Deutschen vor uns verraten uns, dass es im Flughafen Gebäude, eine Raucherzone gibt.

Das ist auch gut so, denn unser Flug hat Verspätung. Bevor wir die Raucher Rettungsinsel erreichen, müssen wir durch die Personen- und Handgepäck Kontrolle. Nein, ich habe mein nicht benutztes Make up nicht im Handgepäck. Aber es piept. Ich muss zurück. Eine nette Kontrolleurin fordert mich auf, meine Pumps auszuziehen.

Ohne zu überlegen, sage ich: „Nein". Sie sagt: „Please" und reicht mir Plastiküberzüge für meine nackten Füße. Wie tief kann man sinken, denke ich. Aber sie hat „please" gesagt, also reiß ich mir die Pumps von meinen Füßen und versuche es noch einmal. Jetzt klappt es. Was hat der italienische Designer nur in den Schuhen versteckt?

Der Rückflug verläuft genau so ruhig wie der Hinflug. Nur bei den humorvollen Ansagen des Co Piloten, fragen wir uns, haben die dem was in den Tee getan?

Der Shuttle zurück zu unserem Auto klappt gut. Zwar ist der Bus voll beladen mit sehr vielen Menschen mit noch viel mehr Koffern, aber es ist 23.00 Uhr. In Gedanken möchte ich nur nach Hause in mein Bett.

Davon trennt uns nur noch das dunkle Ruhrgebiet und ungefähr dreihundert Kilometer Autobahn. Aber ich habe ja meinen Auto fahrenden Engel, meinen Mann, sicher fährt er uns nach Hause. Wir fallen nur noch müde in unser Bett.

Am nächsten Mittag bestaunen wir unsere „Regalos". Auch diese Reise war ein wunderschönes Geschenk, mit den kleinen geschilderten Schönheitsfehlern. Aber es war ein Geschenk. An alle, die es interessiert, sage ich danke schön.

Mein letzter Satz gilt meinem Göttergatten: „Ich danke Dir Liebling. Du bist mein größtes „regalo".

Herstellung und Verlag:
Books on Demand GmbH, Norderstedt
ISBN 978-3-8391-1957-0